학교에서 바라본
사고하는 AI 리터러시 교육

AI문고

인공지능 시대입니다. 기계가 인간의 인지를 대신하고, 사물이 인간을 통하지 않고 다른 사물과 직접 커뮤니케이션합니다. 이에 따른 인간 삶과 문명 변화를 정확히 이해·예측·대응하는 것은 이 시대 우리 모두의 과제입니다. AI문고는 인공지능 기술과 환경의 여러 주제를 10가지 키워드로 정리합니다. 관련 개념과 이론, 학계와 산업계의 쟁점, 우리 일상의 변화를 다룹니다. 인간과 기술의 현재, 미래를 세심히 분석합니다.

일러두기

- 인명, 작품명, 저서명, 개념어 등은 한글과 함께 괄호 안에 해당 국가의 원어를 병기했습니다.
- 외래어 표기는 현행 어문규정의 외래어표기법을 따랐습니다.

처음이세요?

전문가세요?

학교에서 바라본
사고하는 AI 리터러시 교육

신하은

대한민국, 서울, 커뮤니케이션북스, 2026

학교에서 바라본 사고하는 AI 리터러시 교육

지은이 신하은
펴낸이 박영률

초판 1쇄 펴낸날 2026년 1월 15일

커뮤니케이션북스(주)
출판 등록 2007년 8월 17일 제313-2007-000166호
02880 서울시 성북구 성북로 5-11
전화(02) 7474 001, 팩스(02) 736 5047
commbooks@commbooks.com
www.commbooks.com

ISBN 979-11-430-1584-6 03500

책값은 뒤표지에 표시되어 있습니다.

차례

인간과 AI의 공존 시대, 교육의 길

인간과 AI의 공존

AI(Artificial Intelligence)의 발전으로 우리는 이전과는 다른 무한한 가능성의 시대를 맞이하고 있다. 인간의 지혜만으로는 해결하기 어려웠던 문제들을 AI의 도움으로 빠르고, 쉽게, 그리고 새롭게 해결해 나가고 있다. 즉, AI와 함께 살아가는 '인간과 AI의 공존 시대'가 열린 것이다. "AI 인간의 공존을 위한 교육 전환: 인재 양성 아젠다"(윤혜준 외, 2024)에서도 "AI와 인간의 공존은 AI가 인간의 가치를 어떻게 반영하고, 인간과 어떻게 상호작용하며, 사회에 어떠한 영향을 미치는지를 성찰하는 과정"이라고 이야기하고 있다. '공존'이란 그저 같은 공간에 있음을 의미하는 것이 아니다. '공존'은 서로에 대한 이해 속에서 함께 살아가는 태도를 기르는 것을 의미한다. 그렇다면 AI와 공존하는 시대에 잘 살아가기 위해서는 어떤 인간성이 필요할까? 바로 'AI를 올바르게 설계하는 인간', 'AI와 협업하는 인간', '윤리적 관점에서 AI를 비판적으로 사고하는 인간'이 그것이다. 좀 더 자세히 살펴보자.

먼저 'AI를 올바르게 설계하는 인간'이다. AI는 인간이 입력한 데이터와 설계한 알고리즘을 기반으로 작동한다. 설계자가 어떤 가치관을 바탕으로 데이터를 입력하고 어떤 기준으로 AI 모델을 훈련하는지에 따라 AI가 만들어 내는 결과와 영향력은 전혀 다르게 나타날 수 있다. 즉, AI는 인간의 필요와 가치를 기반으로 설계되고 평가된다는 것이다. 《내가 보는 세상: AI의 시대 시작에 대한 호기심, 탐험, 그리고 발견(The Worlds I see: Curiosity, exploration, and discovery at the dawn of AI)》(2023)에 따르면, AI는 인간의 복지를 발전시킨다고 한다. 그렇기에 사회적 책임과 공정성을 보장할 수 있도록 그것을 설계하는 인간의 가치관 정립은 매우 중요하다. 이처럼 인간의 존엄성과 공동체의 가치가 지켜질 때, 우리는 현명한 AI와의 공존 생활을 할 수 있다.

다음은 'AI와 협업하는 인간'이다. '공존'이라는 단어에는 '함께'라는 의미가 기본으로 전제되어 있다. 다시 말해 '협동'이 바탕이 되었을 때, 진정한 의미의 공존이 실현될 수 있다는 것이다. 앞에서 언급하였듯이 실제로 우리는 AI의 도움을 받아 일상생활의 많은 문제를 해결하며 살아가고 있다. AI를 활용하여 교통 상황을 예측함으로써 최적의 길을 찾아 이동 시간을 줄이거나 추천 쇼핑 목록으로 필요한 물건을 빠르게 구매하는 등 일상의 효율성이 높아지고 있다. 이처럼 인간만이 가지고 있는 창의성과 AI의 생산성이 함께한다면 그 힘은 엄청난 시너지 효과를 가져올 것이다. AI를 협업 도구로서 유용하게 활용하기 위해서는 먼저 다음과 같은 질문에 대한 고민이 선행되어야 한다. 'AI를 사용하는 목적은 무엇인지', '다양한 AI 도구 중 왜 이 도구가 지금 작업에 적합한 것인지', '의미 있는 결과물을 만들기 위해서는 어떤 기능을 활용하는 것이 좋을지', '어느 단계에서 AI를 활용하는 것이 가장 효과적일지'에 대해 생각하며 AI의 가치를 높일 수 있는 방법을 찾아야 한다.

마지막은 '윤리적 관점에서 AI를 비판적으로 사고하는 인간'이다. AI로 우리의 일상은 더욱 편리해지고 있지만, 그 이면에는 개인정보 침해, 차별, 가짜 정보와 같은 윤리적 위험성이 존재하고 있다. 따라서 안전한 AI와의 공존을 위해서는 AI에 대한 비판적인 성찰 태도가 필요하다. 'AI가 제공한 정보가 믿을 만한 것인지', 'AI가 생성 또는 판단한 결과가 모든 사람에게 공정한 것인지', 'AI에 오류가 발생하였을 때, 그 책임은 누구에게 있는지'와 같은 질문을 끊임없이 탐구하도록 해야 한다.

AI 시대의 새로운 역량

스마트폰 음성 비서, 자동 번역 서비스, 맞춤형 콘텐츠 추천 등 AI는 이제 미래의 기술도, 전문가들만의 지식도 아닌 우리 일상 속에 스며든 존재가 되었다. 이러한 시대 변화에 따라 지금의 아이들은 태어날 때부터 AI를 사용하는, '디지털 네이티브(Digital Native)' 세대로 성장하고 있다. 이들은 사용법을 보지 않아도 필요한 기능을 찾아 빠르게 익히며 그 어느 세대보다도 기술을 능숙하게 '다룰 줄 아는' 세대로 성장하고 있다. 그러나 기술을 '다룰 줄 안다'는 것은 쓸 줄 안다는 것일 뿐 그것을 '현명하게 사용한다'는 것을 의미하지는 않는다. AI는 단순한 듯 복잡한 원리의 기술로, 안전하게 그리고 올바르게 활용하기 위해서는 그 원리에 대해 이해하고 비판적 · 윤리적 시각에 따라 해석할 수 있어야 한다. 이러한 필요성에 따라 최근 교육계에서도 AI 교육과 관련된 다양한 연구가 진행되고 있다. 그러나 대부분의 연구를 살펴보면, 코딩으로 AI 프로그램을 만들어 보거나 AI 도구를 활용하여 체험 활동을 하는 방식의 연구들로, 일회성에 그치는 경우가 많아 학생들이 AI에 대한 깊은 이해를 쌓는 데 한계가 있다(신하은, 2022).

일반적으로 우리는 AI가 생산한 결과는 객관적일 것

이라 생각한다. 하지만 실제는 인간이 설계한 알고리즘과 데이터를 바탕으로 작동하기 때문에 오히려 편향되거나 불투명한 결과를 제공할 수 있다. 따라서 학생들이 현명하게 AI를 사용할 수 있도록 하기 위해서는 'AI는 어떻게 작동하는 것인지', '그 결과가 누구에게 영향을 미치는지', '그 결과는 신뢰할 수 있는 결과인지'에 대해 스스로 탐구할 수 있도록 교육해야 한다. 즉, 기술을 활용하는 방법을 넘어서 그 기술을 이해하고 비판할 수 있는 역량인 'AI 리터러시(AI Literacy)'를 가르쳐야 한다.

리터러시(Literacy)는 시대의 흐름에 따라 변화해 왔다. 글을 읽고 사회를 이해하는 리터러시 역량에서부터 미디어 콘텐츠를 비판적으로 해석하는 능력인 미디어 리터러시, 디지털 도구를 활용하여 정보를 이해하고 평가하며 소통하는 능력인 디지털 리터러시까지 시대 변화에 맞춰 발전해 왔다(이유미, 2020). 지금은 AI가 정보를 만들고 전파하며 의사 결정에도 영향을 미치는 시대다. 그러므로 AI 시대를 사는 우리 학생들은 새로운 문해력인 AI 리터러시를 함양할 필요가 있다. 실제로 생성형 AI가 등장하면서 창작물의 저작권이나 허위 정보 유포와 같이 AI로 인한 다양한 사회 · 윤리적 문제들이 대두되고 있다. AI 리터러시 교육은 이러한 문제 상황을 슬기

롭게 해결할 수 있도록 'AI의 결과를 어떻게 해석하고 판단할 것인지', 'AI를 올바르게 사용하기 위해서는 어떻게 해야 하는지'를 가르치며 학생들에게 새로운 문해력을 기르게 하는 교육이라고 할 수 있다.

AI 리터러시의 개념과 핵심 역량

빠른 속도로 발전하는 AI에 비해 AI 시민성은 아직 명확하게 규정된 바가 없다. 이로 인해, AI가 잘못 활용되는 경우를 방지하고자 최근 교육계에서는 AI 리터러시 교육의 중요성이 더욱 강조되고 있다. 미국의 '국가 인공지능 자문위원회(National Artificial Intelligence Advisory Committee)'에서는 AI 중점 분야로 AI 리터러시를 선정하며 관련 정책을 제안하였다. 그리고 유럽에서는 'AI ACT법'을 발효하며 AI 리터러시를 법적으로 의무화하기 위한 노력을 기울이고 있다. 이처럼 다양한 교육 정책과 연구들에서 'AI 리터러시'라는 용어가 점점 등장하고 있으나, 이러한 관심에 비해 실질적인 AI 리터러시 교육이 이루어지고 있지 않다 보니 실상은 AI 리터러시가 무엇인지조차 모르는 경우도 허다하다.

AI 리터러시의 정의를 이해하기 위해서는 '리터러시'가 무엇인지부터 알아야 한다. 앞에서 언급하였듯이 '리터러시(Literacy)'란 글을 읽고 이해하며 글을 쓰는 문해력을 의미한다. 이 리터러시는 디지털과 기술 환경의 변화에 맞춰 개념이 확장되었고 AI 기술의 발전에 따라 AI 리터러시라는 개념이 새로 등장하였다. AI 리터러시는 디지털 리터러시의 한 분야로, 이와 혼동되어 사용되는 경우가 많다. 디지털 리터러시가 디지털 사회의 기술, 정보, 소통 등에 대해 이해하고 활용하는 능력이라면, AI 리터러시는 AI에 초점을 두고 비판적인 시각으로 AI의 정보를 판별하며 윤리적으로 활용하는 능력을 의미한다. AI 리터러시는 이해 · 비판 · 활용 · 책임, 네 가지 역량으로 나누어 세부적으로 정의할 수 있으며 각각의 역량에 대해 하나씩 살펴보자.

먼저 '이해' 역량은 AI 기술의 원리와 구조, 작동 방식과 같은 AI에 대한 기본적인 지식을 설명하는 것이다. AI가 데이터를 어떻게 수집하는 것인지, 어떤 원리로 작동하는 것인지에 대해 이해하는 역량이라고 할 수 있다. AI는 하나의 시스템으로 이에 대한 이해가 부족할 경우 'AI의 신뢰성을 왜 확인해야 하는지', 'AI를 활용할 때에는 어떤 점에 유의해야 하는지' 등을 받아들이지 못하게 된다. 이는 다음 단계에까지 영향을 주게 되어 AI를 활용할 때에도 표면적인 수준에 머무르게 할 수 있다. 예를 들어 보자. AI 이미지 인식 기술을 활용하여 회사 지원을 채용하는 상황이다. 그리고 채용 결과, 피부색에 따라 면접자의 합격률에 차이가 발생했다고 가정해 보자. 실제로 이 문제는 현재 AI 면접관과 관련하여 발생하는 문제로 반드시 생각해 보아야 할 윤리적인 문제다. 'AI의 판단을 믿어도 되는 것인지', '이 결과는 공정한 결과인지', '이 판단의 책임은 누구에게 있는 것인지' 등에 대해 고민할 필요가 있다. 그리고 이는 AI의 작동 원리에 대한 이해가 바탕이 되었을 때 가능한 것으로, AI 기술에 대한 이해가 부족하면 결과에 대해 비판적인 사고 역시 불가능하다. 따라서 '이해' 역량은 반드시 길러야 할 AI 리터러시의 첫 단계라고 할 수 있다.

둘째, '비판' 역량은 AI가 제공한 정보에 오류가 없는지, 그 정보는 신뢰할 수 있는 정보인지를 판단하고 점검하는 능력을 의미한다. AI는 인간이 입력한 데이터로 학습하고 그 데이터를 바탕으로 결과물을 생성한다. 따라서 AI는 데이터를 입력한 설계자의 가치관에 영향을 받을 수밖에 없다. 이처럼 AI가 제공하는 정보는 항상 중립적이지 않을 수 있기에 비판적인 시각에서 판단하고 수용하는 자세를 기르는 것이 필요하다. AI의 정보를 활용하기 전에 '이 정보의 출처가 어디인지', '이 정보는 사실을 바탕으로 하고 있는지', '이 정보에 특정 관점이 반영되어 있지는 않은지'를 스스로 질문하고 분석하는 태도를 길러야 한다.

셋째는 '활용' 역량이다. 흔히 'AI를 활용한다'고 이야기하면 AI 기능을 익혀 사용하는 것에 집중한다. 하지만 여기서 '활용'이란 목적과 의도에 적합한 도구를 선택하고 그것을 필요한 부분에 창의적으로 적용하는 능력을 의미한다. 예를 들어, 생성형 AI를 활용하여 우리 가게의 상징 마크를 만든다고 해 보자. 그러면 우리는 '어떤 유형의 마크를 만들고 싶은지', '어떤 스타일의 이미지를 그려내고 싶은지'를 생각하고, 이에 적합한 AI 도구를 선별한다. 그리고 도구의 여러 기능 중 원하는 마크를 잘 표현할 수 있는 기능들을 조합하여 마크를 제작한다. 이처럼 나의 상황과 목적에 맞게 적용하여 그 기술의 가치를 극대화하는 것을 '활용' 능력이라고 한다. 수많은 AI 도구가 등장하고 있는 지금, '활용' 역량은 우리가 함양해야 할 중요한 역량인 것이다.

마지막 '책임' 역량은 AI가 지닌 사회적 · 윤리적 한계점을 인식하고 AI 사용에 대한 책임감 있는 태도를 기르는 것을 의미한다. 날이 갈수록 AI의 영향력과 파급력은 더욱 높아지고 있다. 따라서 이 문제에 대한 위험성을 인식하고 책임감을 느끼며 안전하고 공정하게 사용하는 태도를 기르는 것은 매우 중요하다. 예를 들어, AI를 활용하여 만든 콘텐츠에 특정 집단에 대한 고정관념이 반영되었다고 하자. 그리고 그 결과, 특정 집단에 대한 편견을 가지게 된 사람이 늘었다면, 그 콘텐츠를 전파하거나 활용한 사람에게는 도덕적 책임이 반드시 따를 수밖에 없다. 그러므로 우리는 'AI로 생성한 콘텐츠가 우리 사회에 어떤 영향을 미치는지', 'AI 사용이 다른 사람의 존엄과 권리를 침해하지는 않는지'에 대해 끊임없이 생각하며 올바른 윤리적 가치관에 따라 이를 사용할 줄 아는 책임 역량을 갖추어야 한다.

결국, AI 리터러시란 AI에 대한 올바른 이해를 바탕으로 비판적인 시각에서 바라보며 책임감 있게 활용할 줄 아는 종합적인 사고력이라고 할 수 있다. AI 리터러시 역량은 이제 선택이 아닌 필수 역량으로, 미래 인재인 학생들이 기를 수 있도록 우리는 AI 리터러시 교육을 해야 한다.

초등학교에서 AI 리터러시 교육의 필요성

AI 리터러시 교육은 언제 시작해야 할까? 피아제의 인지 발달 이론에 따르면, 초등학교 시기는 구체적 조작기에서 형식적 조작기로 넘어가는 시기다(김혜지, 2019). 이때의 아동들은 추상적인 사고가 형성되기에 가설을 세우고 그에 따라 논리적인 결론을 내리는 능력이 발달한다(Ginsburg, 1969/2006). 또한 초등학교는 다양한 분야의 지식을 처음으로 접하는 시기로 새로운 개념에 대한 거부감이 적어 이를 유연하게 받아들일 수 있다.

실제로, AI 활용에는 다양한 사회적 · 윤리적 한계점이 존재하는데, 초등학교 시기는 AI를 둘러싼 사회적 문제 상황에 대한 배경 지식이 없기에 다양한 관점에서 비판적으로 문제를 바라볼 수 있다. 이렇게 형성된 올바른 AI 윤리관은 성인 시기로 이어지게 되고 마침내 현명한 AI 시대의 시민으로 성장하게끔 도울 수 있다.

또한 AI 교육은 교육 특성상 학생 간의 수준 차이가 크게 나타난다는 특징이 있다. 어떤 학생은 빠르게 그 원리를 파악하여 실제 적용까지 할 수 있다면, 어떤 학생은 기본 개념 자체를 이해하기 어려워하며 배움에 싫증을 느끼기도 한다. 이러한 격차는 갈수록 더 커지게 되고 AI에 대한 이해가 부족한 학생은 AI를 자신과는 별개의 존재로 생각하는 데 이르게 할 수 있다. 따라서 AI 리터러시 교육은 기본기를 다지는 초등학교 시기부터 운영할 수 있도록 해야 한다.

교사의 역할

그렇다면 AI 리터러시 교육에서 교사는 어떤 역할을 해야 할까? AI 리터러시 교육은 학생들이 AI 시대에 필요한 사고력을 기를 수 있도록 돕는 과정으로, 교사는 이를 이끌어내는 존재가 되어야 한다. 교사의 역할은 다음 세 가지로 정리할 수 있다.

첫째, '안내자로서의 역할'이다. AI 리터러시 교육은 학생들이 AI를 올바르게 사용하기 위한 자신만의 기준을 세우는 과정이다. 이를 위해, 교사는 학생들이 스스로 질문을 떠올리고 탐구하며 사고할 수 있는 환경을 마련해 주어야 한다. '이 결과가 옳은지 어떻게 확인할 수 있을까?', 'AI가 보여 주지 못한 부분에는 무엇이 있을까?', '이 결과는 다른 사람에게 어떤 영향을 미칠까?'와 같은 물음을 통해 학생들이 AI에 대해 깊이 있는 사고를 할 수 있도록 유도해야 한다.

둘째, '학습 공동체로서의 역할'이다. AI는 완전한 기술이 아닌 끊임없이 발전하는 존재다. 그렇기에 AI 리터러시 역량 역시 변화하는 환경에 맞추어 계속해서 배워야 하는 평생학습의 성격을 지닌다. 교사는 학생들과 함께 토의하며 사고를 확장하는 공동체적 분위기를 조성함으로써 학생들이 AI 리터러시를 미래 사회의 필수 역량으로 인식하고 스스로 탐구하는 자세를 기를 수 있도록 해야 한다.

셋째, '실천가로서의 역할'이다. AI 리터러시 교육은 결국 미래 사회의 시민성을 기르는 교육으로 학생들의 배움이 삶과 연계되도록 해야 한다. 그러므로 교사는 학습 주제나 일상 속 문제에 AI를 자연스럽게 적용함으로써 학생들이 실제 맥락 속에서 사고를 확장할 수 있도록 도와주어야 한다.

결국, AI 리터러시 교육에서 교사는 학생들이 끊임없이 사고하며 자신만의 올바른 가치관을 지닐 수 있도록 이끄는 역할을 수행해야 하며, 교사의 역할이 뒷받침되었을 때 AI 리터러시 교육이 비로소 미래 사회를 살아갈 힘을 길러주는 교육이 될 것이다.

참고문헌

김혜지(2019). "초·중학교 교과서 속 과학자 이미지 분석". 한양대학교 대학원 석사학위논문.

신하은(2022). "초등 인공지능 교육을 위한 언플러그드 활동 설계". 고려대학교 교육대학원 석사학위논문.

윤혜준 외(2024). "AI와 인간의 공존을 위한 교육전환: 인재양성 아젠다". 한국직업능력연구원.

이유미(2020). "기술 발전에 따른 리터러시 변화 연구". 《용봉인문논총》, 57, 185~213쪽.

현기호(2025.3.12). “선진국은 왜 ‘AI 리터러시’ 교육을 의무화할까”. 이코리아.
https://www.ekoreanews.co.kr/news/articleView.html?idxno=78353

Ginsburg, H. P.(1969). *Piaget's theory of intellectual development.* 김정민 옮김(2006). 《피아제의 인지발달이론》. 학지사.

LI, F. F.(2023). *The Worlds I see: Curiosity, exploration, and discovery at the dawn of AI.* Flatiron Books: A Moment of Lift Book.

01
AI 시대, 단순 활용을 넘어 이해로

AI 시대, 우리는 무엇을 길러야 할까? 몰입형 콘텐츠, 맞춤형 학습 설계, 음성 인식 등 AI는 우리 교실 곳곳에서 활용되며 교육의 틀을 변화시키고 있다. 그러나 대다수가 도구적 관점으로 활용되며 체험 단계에 머물러 있는 경우가 많다. AI 리터러시는 AI 시대 시민으로서 지녀야 할 역량으로, 이를 위해서는 진정한 의미의 AI 리터러시 교육이 필요하다.

기후 위기와 인공지능?

교육 현장에서의 AI 역할

인공지능(AI, Artificial Intelligence)이 함께할 미래 교육을 우리는 얼마나 잘 준비하고 있을까? 사실 AI는 이미 다양한 산업에서 핵심 기술로 활용되고 있다. 고객 데이터를 분석하여 대출 심사를 자동화하고, AI 센서를 활용하여 스마트 생산 라인을 구축하며, 환자의 영상 자료를 AI로 분석하여 조기 진단을 하는 등 산업 전반의 패러다임을 변화시키고 있다. 이는 교육 현장에서도 살펴볼 수 있다.

2019년에 출간된 《교육에서의 인공지능: 교수 · 학습에 대한 전망과 함의(Artificial Intelligence in Education: Promise and Implications for Teaching and Learning)》(2019)에 따르면, AI는 전 세계적으로 학습자의 수준과 특성에 맞춘 개별화된 학습 환경을 제공하거나 지능형 튜터링 시스템처럼 학습을 지원해 주는 형태로 교육 현장에 적용되고 있다. 또한 증강현실(AR)과 가상현실(VR) 기술은 교실이라는 물리적 한계를 넘어 몰입감 있는 학습 경험을 제공하며 학생들의 적극적인 학습 참여를 이끌고 있다. 예를 들어, 학생들은 역사 수업에서 고대 문명을 직접 탐험할 수 있으며 과학 수업에서는 위험한 실험을 안전한 가상의 공간에서 경험할 수 있게 되었다(Southgate,

2019). 이러한 흐름 속에서 게이미피케이션 요소와 결합한 AI 기반의 에듀테크 기술은 학생들의 창의적인 사고를 자극하여 교육 방법 혁신에 큰 역할을 하고 있다(삼일회계법인, 2024). 또한 AI 기반의 학습 플랫폼들은 실시간으로 학습자의 반응을 분석하여 맞춤 학습 경로를 설정해 줌으로써 개별 학습 목표 달성에 도움을 주고 있다. 예를 들어, 언어 학습의 경우 음성 인식 기술을 통해 학생의 발음을 교정해 주거나 실시간으로 글짓기를 첨삭해 주며 전통적인 교실 환경에서는 불가능했던 학생 한 명 한 명에 대한 즉각적인 피드백을 제공해 주고 있다.

이처럼 AI는 이제 교육의 핵심적인 역할 중 하나가 되었다. AI가 학생들의 일상에 직접적인 영향을 주는 만큼 우리는 학생들에게 AI란 무엇인지에 대해 가르쳐 주어야 한다. AI는 어떻게 작동하는 것인지, AI가 우리 삶에 미치는 영향은 무엇인지에 대해 학생들에게 교육해야 한다. 따라서 지금부터는 '어떻게' AI를 교육해야 하는지에 대해 함께 고민해 보고자 한다.

도구 중심 관점의 한계

최근의 연구를 살펴보면 생성형 AI를 도입한 수업 방식이 주목받고 있다. 한 예로 "생성형 인공지능 활용 수업에서 나타난 초등학생의 생성형 인공지능 활용 양상 및 태도에 관한 연구"(2024)에서는 초등학생들이 생성형 AI를 통해 미술 작품을 분석하고, 사회 보고서를 작성하며, 스스로 토의 주제를 선정해 발표하는 활동이 소개되고 있다. 이처럼 학생들은 AI를 활용하여 정보의 수집·분석·표현 과정을 보다 효율적이고 창의적으로 참여할 수 있게 된 것이다. 그리고 AI는 학생들이 미처 생각하지 못한 부분에 대해 새로운 아이디어를 제공해 줌으로써 학습자의 사고를 확장하는 데에도 도움을 주고 있음을 확인할 수 있다.

이 외에도 "게이미피케이션 기반 AI 챗봇 활용 수업이 초등학생의 영어 말하기 수행 및 정의적 영역에 미치는 영향"(2019)에 따르면, AI 챗봇과의 대화를 활용한 영어 말하기 수업이 학생들의 참여도와 학습 성취도를 높이는 데 긍정적인 영향을 주고 있음을 살펴볼 수 있다. 실제 원어민과 대화하는 듯한 학습 경험을 통해 학생들은 영어에 대한 자신감을 기를 수 있으며 자기 수준에 맞는 반복적인 연습 기회를 통해 학습 부담을 줄이고 즐겁게 학습에 참여할 수 있다는 결과가 보고되고 있다. 즉, AI가 수업 보조 그 이상의 역할을 하며 학생들이 스스로 지식을 탐구하는 자기 주도적 학습 환경을 구성하는 데 기여하고 있는 것이다.

이처럼 현재 많은 연구에서 AI를 학생들의 학습 목표 달성을 위한 수단으로 사용하고 있다. 이러한 관점을 우리는 '도구적 관점에서의 AI 교육'이라고 말하며, 이는 다양한 AI 교육 유형 중 'AI 활용 교육'에 해당한다. 도구적 관점은 AI를 효율적인 학습 지원 도구로 바라보고 그 기능 활용에 중점을 두는 교육 방식이다. 이러한 접근은 수업 현장에 쉽게 적용할 수 있으며 단기간 내에 가시적인 학습 효과를 확인할 수 있어 주된 교육 방법으로 많이 활용된다.

그러나 여기서 한 가지 중요한 물음을 떠올려야 한다. AI와 함께 살아갈 미래 사회의 주인인 학생들에게 'AI를 잘 사용하는 것'만 가르쳐도 괜찮은 것일까? 앞에서 살펴보았듯, 현재 AI를 활용한 대부분의 수업은 체험 · 도구 중심의 방식으로 이루어지고 있다. 물론 이 과정에서 학생들이 AI에 대한 흥미를 지니고 새로운 시각을 경험할 수 있다는 장점이 있다. 그러나 AI의 작동 원리나 기술적인 한계, 사회적 영향과 같은 본질적인 문제에 대해서는 다루기 어렵다는 점에서 한계 또한 존재한다. 이러한 접근은 학생들이 AI를 '똑똑하고 재미있는 과학 기술'로 오해하게 만들 수 있다는 위험성이 있다. AI의 답변이 얼마나 객관적인지, AI의 답변에는 오류가 없는 것인지, AI가 결과물을 생성하기 위해서는 얼마나 많은 개인정보가 활용되는 것인지 등에 대한 이해 없이 그저 기능만 익히는 체험 활동이 될 수 있는 것이다. 이는 학생들이 AI에 지나치게 의존하도록 만들어 AI가 제공하는 답에 대해 스스로 생각하거나 판단하지 못하게 되는 결과를 낳을 수 있다. 이처럼 AI는 학생들의 사고와 판단, 가치관 형성에 영향을 줄 수 있기에 AI 교육은 단순 체험이나 일회성 프로젝트가 아닌, 학생들이 AI의 가능성과 한계를 균형 있게 이해하고 책임 있게 활용할 수 있도록 설계되어야 한다.

AI 리터러시 교육의 필요성

우리는 왜 AI를 교육하고자 하는 것일까? 교육의 본질은 학생들이 자기 자신의 가능성을 확장하며 실현하고, 더불어 살아가는 사회 속에서 조화롭게 성장할 수 있도록 돕는 데 있다. 오늘날 AI는 기술 발전에 따른 새로운 사회의 핵심 매개체로 일상생활은 물론 정치, 경제 등 다양한 영역에서 우리의 의사 결정과 소통 방식에 깊이 영향을 미치고 있다. 따라서 미래 사회를 살아갈 학생들에게 'AI와 현명하게 살아가는 능력'은 반드시 함양해야 할 시민 역량이라고 할 수 있다.

이러한 역량을 길러주고자 최근 교육계에서는 AI 리터러시 교육의 중요성을 강조하는 목소리가 높아지고 있다. AI 리터러시란 AI라는 기술을 이해하고 활용할 수 있는 능력과 이를 통해 사회와 소통할 수 있는 능력, 그리고 사회에 대해 비판적으로 사고하고 성찰할 수 있는 능력을 의미한다. 다시 말해, AI 리터러시는 '이해 · 소통 · 비판적 사고'를 핵심 역량으로 삼고 있다고 할 수 있다.

먼저 '이해' 역량은 AI의 기본 원리와 구조, 작동 방식을 파악하고 설명할 수 있는 능력을 의미한다. 단순히 암기하기보다는 AI가 어떻게 데이터를 학습하고 결과물을 생성하는지, 그 과정을 자신의 언어로 설명할 수 있는 수준의 이해를 의미한다.

그리고 '소통' 역량은 AI의 사회적 · 윤리적 영향력을 이해하고 책임감 있게 사용하는 태도를 말하는 것으로, AI를 활용하여 사회의 여러 문제를 해결할 수 있는 능력이라고 할 수 있다.

마지막으로 '비판적 사고' 역량은 AI가 제공하는 정보의 신뢰성을 검증하고 점검하는 능력을 의미한다. AI는 인간이 입력한 데이터를 기반으로 작동하기 때문에 AI가 생성한 정보에는 오류나 편향된 정보, 거짓 정보 등이

포함되어 있을 수 있다. 그러므로 AI가 제공한 정보를 그대로 수용하지 않고 그 정보가 신뢰할 만한 정보인지, 객관적인 정보인지를 판단할 수 있는 역량을 갖추는 것이 필요하다.

그러나 이러한 역량들은 시간이 흐른다고 저절로 길러지는 것이 아니다. 발달심리학에 따르면, 학습자의 사고와 태도는 아동기에 기초가 형성되고 그 이후에는 변화의 정도가 상대적으로 줄어든다고 한다. 따라서 AI에 대한 올바른 인식이나 가치관도 가능한 이른 시기에 형성할 수 있도록 환경을 마련해 주어야 한다. 초등학교 시기의 학생들은 새로운 기술에 대한 편견이나 거부감 없이 이를 수용하고 놀이와 탐구를 통해 개념을 자연스럽게 습득하는 특성이 있다. 그러므로 이 시기부터 체계적인 AI 리터러시 교육을 실시하는 것은 매우 중요하다(김진석, 2021). 그렇다면 이 AI 리터러시 교육은 어떻게 설계해야 할까?

참고문헌

김진석(2021). "인공지능 리터러시 기반 초·중등교육의 내용과 교수·학습 방안 탐구". 《한국초등교육》, 32(3), 19~35쪽.
삼일회계법인(2024). "초개인화 학습의 혁명이 시작된다: 에듀테크".
이삭(2019). "게이미피케이션 기반 AI 챗봇 활용 수업이 초등학생의 영어 말하기 수행 및 정의적 영역에 미치는 영향”. 《초등영어교육》, 25(3), 75~98쪽.

조은상·이수영(2024). “생성형 인공지능 활용 수업에서 나타난 초등학생의 생성형 인공지능 활용 양상 및 태도에 관한 연구”. 《컴퓨터교육학회 논문지》, 27(4), 21~39쪽.

Holmes, W. et al.(2019). *Artificial intelligence in education: Promise and implications for teaching and learning*. Center for Curriculum Redesign.

Southgate, E. et al.(2019). Embedding immersive virtual reality in classrooms: Ethical, organisational and educational lessons in bridging research and practice. *International Journal of Child-Computer Interaction, 19*, pp.19~29.

02
AI 교육 패러다임의 변화

4차 산업혁명 시기를 맞아 우리나라에서는 SW 교육이 성행하였다. 그러나 기존의 SW 교육은 부족한 수업 시수로 인해 블록 코딩 위주의 체험 활동으로 이루어졌다는 점에서 한계가 있었다. 지금은 AI가 함께 살아가는 시대로, 우리는 AI를 올바르게 활용하는 능력을 길러야 한다. 이 장에서는 이러한 시대 흐름에 따라 AI 교육이 어떤 패러다임으로 변화하고 있는지를 살펴보고자 하였다.

노래하는 AI 보컬?

기존의 SW/AI 교육

4차 산업혁명 시기가 도래함에 따라 컴퓨팅 사고력은 필수 덕목이 되었다. 우리나라 역시 소프트웨어(SW) 교육을 의무화하며 SW 융합 인재 양성을 위한 다양한 정책을 추진하였다. SW 교육과 AI 교육은 세부적인 내용에서 분명한 차이를 보이지만, 학생들의 미래 역량 즉 '문제 상황을 논리적으로 분석하고 그에 맞는 적절한 해결 방안을 찾아 창의적으로 해결하는 능력'을 함양하기 위한 교육이라는 점에서 공통적인 교육 목표를 지향하고 있다. 그러므로 SW 교육의 운영 방법과 성과는 AI 교육 설계에 좋은 참고 자료라고 할 수 있다.

우리나라 교육부는 2015 개정 교육과정부터 SW 교육을 정규 교과에 편성 · 운영하기 시작하였다. 그리고 초등학교에서는 실과 교과 내에 정보통신기술(ICT) 영역을 확대 개편하여 소프트웨어 기초 소양 영역을 신설하고, 5~6학년은 17시간 이상의 SW 교육을 필수 이수하도록 하였다(교육부, 2015).

그렇다면 실제 교육 현장에서는 어떻게 SW 교육이 실천되었을까? 초등학교에서는 엔트리(Entry), 스크래치(Scratch)와 같은 블록형 프로그래밍 언어를 활용한 '일상생활 문제 해결 프로그램 제작하기' 수업이 주를 이루었다. 블록형 언어는 복잡한 텍스트를 이미지화시킨 것으로, 컴퓨터 언어를 처음 접하는 초등학생들도 쉽게 이해할 수 있다는 장점이 있어 주된 수업 도구로 활용되었다. 학생들은 순차, 조건, 반복과 같은 알고리즘의 원리를 직관적으로 이해할 수 있으며 이를 활용하여 문제를 해결하는 능력을 함양할 수 있었다.

그러나 긍정적인 영향 이면에는 한계점 또한 존재하였다. 교육과정 개편을 통해 SW 교육의 필수 이수 시간을 지정하였으나 17시간은 깊이 있는 교육을 진행하기에는 턱없이 부족한 시수다. 이로 인해 대다수의 SW 교육은 학생들이 문제 상황을 분석하고 문제 해결에 필요한 알고리즘을 설계하는 방식이 아닌, 교사의 예시를 따라 블록을 놓으며 결과물을 완성하는 방식으로 운영되었다. 그 결과, 학생들은 블록형 언어의 기능을 습득하는 단계에 머무르게 되었으며 SW 교육의 본질인 컴퓨팅 사고력(Computational Thinking)을 함양하지 못하게 되는 경우가 많았다. 이 외에도, 일부 학생들은 SW 교육을 특별 활동이나 이벤트성 수업 시간으로 인식하는 문제점도 발생하였다(정효진 · 양창모, 2021). 즉, 짧은 수업 시수로 인해 '미래 역량인 컴퓨팅 사고력 신장'이라는 본 교육 목표와는 달리, 그저 재미있는 컴퓨터 체험 수업으로 전락하게 된 것이다.

이러한 흐름 속에서 AI 기술이 급속하게 발전하면서 SW 교육 경험을 바탕으로 다양한 AI 교육 정책들이 등장하기 시작하였다. 그러나 AI 교육과 관련한 연구 자료들을 살펴보면, 마치 AI 교육이 SW 교육에 이름만 바뀐 형태인 것처럼 기존의 SW 교육 방식을 그대로 적용하는 양상을 쉽게 찾아 볼 수 있다.

AI 교육은 크게 세 가지로 분류할 수 있다. "인공지능 교육에 관한 초중등 교사의 인식에 관한 연구"(2020)에 따르면, AI 교육은 'AI 이해 교육 · AI 활용 교육 · AI 가치 교육'으로 구분할 수 있다. 'AI 이해 교육'은 AI의 개념과 원리에 대해 이해하고 실습을 통해 그 기능을 습득하는 교육을 의미한다. 'AI 활용 교육'은 AI를 활용하여 일상생활의 문제를 해결하는 방법을 배우는 교육을 말하며, 'AI 가치 교육'은 AI 기술의 발전으로 발생하는 사회적 · 윤리적 문제를 학습하고 이에 대한 비판적 사고력을 기르는 교육을 의미한다.

이처럼 AI 교육은 다양한 범주로 나눌 수 있으며 세 영역이 모두 균형 있게 이루어져야 한다. 그러나 실제 교육 현장을 살펴보면, '체험 중심의 AI 활용 교육'에 편향되어 운영하고 있음을 찾아볼 수 있다. 체험 중심의 교육은 학습자의 흥미를 높이고 실제 생활에서 접하는 문제에 대한 해결 능력을 기를 수 있다는 점에서 교육적인 효과는 분명히 있다.

하지만 이러한 방식의 교육에는 몇 가지 심각한 한계점이 존재한다. 첫째, AI에 대한 깊이 있는 이해가 부족하다는 점이다. 학생들이 결과물을 만들 수 있도록 AI의 기능을 위주로 학습하게 하여 AI의 원리나 작동 방식에 대한 이해를 쌓는 데 어려움이 생길 수 있다. 둘째, AI를 둘러싼 사회적 · 윤리적 문제의 심각성을 인지하지 못한다는 점이다. AI에는 개인정보 침해, 데이터 편향, 차별과 같은 문제가 내포되어 있다. 그러나 체험 위주의 교육은 AI를 흥미로운 도구로 인식하게 하여 AI의 한계점과 책임에 대한 문제의식을 다루지 못하고 비판적인 사고를 하지 못한 채 그대로 받아들이게 할 수 있다.

이러한 문제점이 대두되면서 최근 교육 현장과 연구계에서는 AI 교육의 방향을 전환해야 한다는 목소리가 높아지고 있다.

AI 교육 패러다임의 변화

최근 AI는 기존 데이터를 학습하여 다양한 콘텐츠를 생성하는 생성형 AI 단계까지 발전하였다. 생성형 AI의 등장으로 이미지, 영상, 글쓰기와 같은 창의적인 콘텐츠를 빠르게 생산할 수 있게 되었으며 맞춤형 서비스를 제공하여 일상의 편리함을 높이고 있다. 한 예로, Chat GPT가 공개되면서 AI는 전문가들의 영역이 아닌 누구나 쉽게 활용할 수 있는 도구가 되었다. 학생들은 과제 해결을 위해 Chat GPT에게 질문을 하고, 직장인들은 업무 효율성을 높이기 위해 Chat GPT를 사용하여 아이디어나 참고 자료를 얻는다. 이처럼 AI는 전문가들만 다루는 하나의 산업 분야가 아닌 누구나 쉽게 접할 수 있는, 우리 삶 속에서 함께 하는 존재가 된 것이다.

이는 수치를 통해서도 확인할 수 있다. 실제로 IDC(International Data Corporation) 보고서에 따르면, 2024년 생성형 AI의 시장은 401억 달러 규모로 성장하였으며 2027년에는 1511억 달러 수준으로 성장할 것이라 예상한다. 다시 말해, 생성형 AI는 우리 사회의 사회 · 경제적 변화의 중심에 있는 핵심 기술이라고 할 수 있다.

이러한 사회 흐름에 따라 최근 교육계에서는 'AI를 책임감 있게 바라보는 태도', 'AI와 상호작용하는 방법'에 대한 교육의 필요성이 강조되고 있다. 기존의 도구 중심, 체험 중심의 AI 교육으로는 AI 시대에 필요한 역량을 기를 수 없다는 인식이 확산되고 있는 것이다. 다시 말해,

AI와 현명하게 살아가기 위해서는 AI의 기본 원리에 대한 이해가 바탕이 되어야 하며 비판적인 자세로 AI를 성찰하고 책임감 있게 활용할 수 있는 능력을 키워주는 교육으로 변화해야 한다는 요구가 높아지고 있는 것이다. 이러한 역량을 길러주는 교육이 바로 'AI 리터러시 교육'이다.

교육 패러다임 변환의 필요성이 강조되면서 최근 전 세계의 교육부에서는 'AI 리터러시 함양'을 핵심 교육 목표로 설정하고 이와 관련한 교육 정책을 새로 발표하고 있다. 미국의 캘리포니아주에서는 K-12 교육과정에 AI 리터러시 교육을 정식 편성하여 의무화하였으며, 국가 차원에서는 AI 리터러시 캠페인을 운영하여 누구나 AI를 쉽게 이해하고 활용할 수 있는 교육 자료와 학습 프로그램을 제공할 것을 제안하였다.

이 외에도, 핀란드에서는 AI의 기초 지식과 AI를 사용하여 문제를 해결하는 방법에 대해 다루는 'AI의 구성 요소(Elements of AI)' 온라인 강좌를 열어 전 국민에게 무료로 제공하고 있다. 이처럼 핀란드에서는 AI 리터러시 교육을 기존의 미디어 교육이나 시민 교육과 통합하여 운영하려는 시도를 보이며 민주 시민으로서 갖추어야 할 역량으로서 AI 리터러시 역량을 교육하고 있음을 볼 수 있다.

학술계에서도 이러한 변화를 찾아볼 수 있다. "인공지능 리터러시 교육 연구 동향 분석"(이다겸 외, 2021)에서는 AI에 대한 비판적 사고, 윤리적 소양, 사회적 영향력에 대한 이해를 기르는 교육을 해야 함을 강조하고, "AI 리터러시 함양을 위한 국어교육의 탐색—'AI 기반 융합 혁신미래교육'을 중심으로"(김윤경, 2022)에서는 특정 교과에 국한하지 않는 AI 기반의 교과 융합형 교육을 통해 AI 리터러시 역량을 함양해야 함을 설명한다. 이처럼 학술계에서도 교과 간 경계를 벗어난 융합 교육, 학생 주도의 탐구 활동을 기반으로 한 비판적 사고 훈련 방식의 AI 교육을 강조하며 본질적인 전환의 필요성을 주장하고 있다.

다시 말해, 앞으로의 AI 교육은 기존의 기술 중심에서 벗어나 AI와 현명하게 공존하기 위한 시민 역량을 기르는 교육으로 변화해야 하며, 이를 통해 학생들이 능동적이고 성숙한 시민으로 성장할 수 있도록 그 기반을 마련해야 한다.

참고문헌

교육부(2015). "2015 개정 교육과정".

김윤경(2022). “AI 리터러시 함양을 위한 국어교육의 탐색: 'AI 기반 융합 혁신미래교육’을 중심으로”. 《인공지능인문학연구》, 11, 121~149쪽.

김태령·한선관(2020). “인공지능 교육에 관한 초중등 교사의 인식에 관한 연구”. 《경인교육대학교 교육연구원 교육논총》, 40(3), 181~204쪽.

이다겸 외(2021). “인공지능 리터러시 교육 연구 동향 분석”. 《한국컴퓨터교육학회 학술발표대회논문집》, 25~37쪽.

정효진·양창모(2021). “초등SW교사연구회 활동과 초등교사의 SW교육 인식의 연관성 연구”. 《학교와 수업 연구》, 6(1), 23~43쪽.

IDC(2023). Generate Growth in Your Markets with the GenAI Opportunity.

03
AI 리터러시 개념과 핵심 요소

AI 리터러시 교육을 올바르게 하기 위해서는 AI 리터러시가 무엇인지에 대해 정확히 정의해야 한다. 이 장에서는 국내외 연구 자료들을 바탕으로 AI 리터러시의 개념을 정의하였으며, 더 나아가 교육 체계를 마련할 수 있도록 역량의 핵심 요소를 구분하여 각각의 특성을 서술하고 있다.

인공지능과 편향?

AI 리터러시의 개념

글이 주요 매개체였던 과거에는 문자 해독 능력이 기본적인 역량이었다. 사회적 활동에 참여하며 다른 사람과 소통하기 위해서는 문자를 읽고 쓰는 능력이 필수였다. 그러나 시대가 변화함에 따라 매개체의 형태가 점점 다양해졌고, 문해력의 개념 역시 디지털 리터러시, 미디어 리터러시로 새롭게 확장되었다. 지금은 AI와 공존하는 시대로, 새로운 차원의 문해력으로서 AI 리터러시가 요구되고 있다. 이 AI 리터러시 역량을 기르기 위한 교육을 설계하기 위해서는 먼저 AI 리터러시가 무엇인지부터 명확히 정의되어야 한다.

AI 리터러시는 2010년대 중반 이후부터 본격적으로 논의되기 시작한 개념으로, 롱(Long)과 매거코(Magerko)가 제시한 정의를 바탕으로 AI 리터러시에 대한 연구가 활발히 이루어졌다. "AI 리터러시란 무엇인가? 역량과 설계 시 고려할 점(What is AI Literacy? Competencies and Design Consideration)"(2020)에서 그들은 AI 리터러시를 '개인이 AI 기술을 비판적으로 평가하고 AI와 효과적으로 소통하며 도구로 활용할 수 있는 역량'이라고 설명하고 있다. 이는 AI 리터러시를 개인의 이해 차원을 넘어 사회적 · 비판적 성찰 관점에서 바라보는 정의로, 중요한 의미를 지닌다. 또한 데이비 티에스지 킷 엔지(Davy Tsz Kit Ng)는 Long과 Magerko의 정의를 바탕으로 AI 리터러시를 'AI를 이해하고 적용하며 평가하고 창조하는 능력'이라고 말하며, 자기 주도성과 창의성까지 그 영역을 확장하였다.

국내 연구 자료에서도 유사한 정의를 찾아볼 수 있다. "AI 리터러시 개념 설정과 교양 교육 설계를 위한 연구"(이유미 · 박윤수, 2021)에 따르면, AI 리터러시는 'AI 기술 매체를 이해하고 활용하는 능력이자 사회와 소통하고 비판적으로 판단할 수 있는 사고력'이라고 한다. 즉, AI 리터러시란 이해 · 기능 · 태도가 통합된 개념으로, AI의 작동 원리와 기능을 이해하는 차원에서 나아가 AI가 제공하는 결과물을 비판적인 시각에서 바라보며 사회적 맥락에서 책임 있게 활용하는 역량이라고 할 수 있다.

그렇다면 체계적인 AI 리터러시 교육을 위해서는 어떤 요소들을 고려해야 할까?

AI 리터러시의 핵심 요소

AI 리터러시 교육의 체계를 설계하기 위해서는 학생들이 함양해야 하는 핵심 역량이 무엇인지를 명확하게 구분하는 것이 필요하다.

이와 관련하여 Long과 Magerko는 AI 리터러시의 본질을 탐구하기 위한 다음의 다섯 가지 핵심 질문을 제시하였다(류미영 · 한선관, 2023).

1. AI란 무엇인가?
2. AI는 무엇을 할 수 있는가?
3. AI는 어떻게 작동하는가?
4. AI는 어떻게 사용해야 하는가?
5. 사람들은 AI를 어떻게 인식하는가?

이 질문들을 교육적 관점에서 재구성하면 AI 리터러시의 핵심 요소는 '기술적 이해 · 비판적 사고 · 응용 및 창의적 활용 · 윤리적 이해 및 책임'으로, 다음과 같이 네 가지로 정리할 수 있다. 여기서 Long과 Magerko가 제시한 다섯 가지 질문 중 'AI란 무엇인가'와 'AI는 어떻게 작동하는가'는 지식적인 측면에서 중복되는 면이 있기에 기술적 이해로 통합하였다. 이 네 가지 요소들은 독립적인 영역이 아닌 긴밀하게 연결되어 있다는 특성이 있다. 따라서 AI 리터러시 교육은 이 요소들을 균형 있게 다루며 학생들이 통합적인 역량을 함양할 수 있도록 설계되어야 한다. 그러면 각 핵심 요소에 대해 하나씩 살펴보자.

첫째, '기술적 이해'는 AI의 개념과 작동 원리와 같은 기본적인 지식을 이해하는 역량을 의미한다. 여기서 말하는 '이해'란 단순하게 암기하는 것이 아닌, AI가 어떻게 데이터를 학습하고 결과를 생성하는지 그 과정을 자신의 언어로 정리하여 말할 수 있는 수준을 뜻한다. 기술적 이해는 AI 리터러시의 기초가 되는 역량으로, 비판적 사고 · 응용 및 활용 · 윤리적 이해 및 책임 모두 AI에 대한 이해를 기반으로 한다. 이것이 바탕이 되지 않을 경우, 학생들은 AI가 생성한 결과에 오류가 있을 수 있다는 것을 인지하지 못하여 그 결과를 맹목적으로 신뢰하게 될 위험이 있다. 기술적 이해의 부족은 AI를 목적에 맞게 적절히 활용하지 못하게 할 수 있다는 점에서 한계가 있다고 할 수 있다. 따라서 기술적 이해는 AI 리터러시의 다른 역량을 뒷받침하는 기반이자 첫 번째로 다루어야 하는 요소라고 할 수 있다.

둘째, '비판적 사고'는 AI가 생성한 정보나 결과물의 신뢰성을 검증하는 역량으로, 왜 그런 결과가 나왔는지, 그 과정에서 오류나 한계점이 있지는 않았는지를 분석하고 해석하는 능력을 말한다. AI는 빠른 속도로 자연스러운 답변을 생성하기에 그 결과가 항상 정답처럼 보일 수 있다. 하지만 AI는 인간이 입력한 데이터를 바탕으로 결과물을 생성하기에 데이터가 불완전하거나 편향된 경우 왜곡된 결과를 제공할 수 있다. 실제로 초기의 구글 번역 프로그램에서는 직업군과 관련된 표현을 번역할 때 성별 편향을 드러내어 논란이 된 바가 있다. 군인이나 엔지니어 같은 직업은 남성 대명사인 'He'를, 선생님이나 간호사 같은 직업은 여성 대명사인 'She'를 사용하여 번역한 것이다. 이는 성별에 따라 적합한 직업이 있다는 잘못된 고정관념이 반영된 데이터를 사용한 결과로, AI가 데이터를 입력한 인간의 가치관에 따라 천차만별의 결과를 산출할 수 있음을 보여 주는 사례인 것이다. 이러한 맥락 속에서 비판적 사고 역량은 학생들에게 반드시 길러주어야 하는 핵심 요소라고 할 수 있다. 특히, 요즘은 SNS를 통해 정보의 교류가 빠르게 이루어지는 시대다. 여기에는 AI가 제공한 정보를 맹목적으로 신뢰하고 그것을 다른 사람에게 전파하는 위험성이 존재한다. 따라서 비판적 사고 역량은 AI 리터러시 교육의 필수 요소로, 학생들이 다양한 사례를 통해 AI의 오류와 한계점을 인식하고 성찰하는 태도를 함양할 수 있도록 수업을 설계할 필요가 있다.

셋째, '응용 및 창의적 활용'은 AI를 활용하여 창의적으로 문제를 해결하는 역량을 의미한다. 지금은 AI 도구의 홍수 시대라고 해도 과언이 아닐 만큼 다양한 목적과 기능의 AI 도구들이 빠르게 등장하고 있다. 이러한 환경 속에서 학생들은 문제 상황에 적합한 AI 도구를 선별하고, 각 도구의 장단점을 파악하여 목적에 맞게 기능을 활용할 수 있는 능력을 길러야 한다. AI는 풍부한 아이디어를 제공하며 빠른 문제 해결에 도움을 주는 도구이지만, 그것이 진정한 가치를 발휘하기 위해서는 AI를 어떻게 활용하는지에 달려 있다. 특히 최근의 사회 문제들은 복합적이고 다차원적인 성격을 띠고 있는 경우가 많다. 이때 학생들이 응용 및 창의적 역량을 충분히 갖추지 못한다면 AI가 제공하는 답변에 의존하거나 표면적인 수준의 해결책에 머무르게 된다. 따라서 AI 리터러시 교육은 문제 해결 상황에 맞게 전략적으로 AI 도구를 선택하고 조합하는 능력을 기를 수 있도록 설계되어야 한다.

마지막으로 '윤리적 이해 및 책임'은 AI가 지닌 사회적 · 윤리적 문제를 인식하고 책임감 있게 활용하는 태도를 의미하는 것으로, AI 리터러시의 핵심 요소 중 가장 인간적인 가치와 밀접하게 관련된 영역이다. AI는 사회 전반에 영향을 미치는 존재이기에 반드시 올바른 윤리적 관점에 대한 학습이 이루어져야 한다. 최근 몇 년간 AI 기술이 매우 빠른 속도로 발전함에 따라, 그와 관련된 예상치 못한 문제들이 끊임없이 발생하고 있다. 개인의 동의 없이 얼굴 데이터를 수집·분석하고, 딥페이크 기술로 사실이 아닌 정보를 생성하며, AI의 오작동으로 인해 사고가 발생하였을 경우 누구에게 책임을 물어야 하는지에 대해 합의되지 않는 등 다양한 윤리적 문제가 발생하고 있다. 따라서 윤리적 이해 및 책임 역량은 AI 시대를 살아가는 시민이라면 반드시 함양해야 하는 기초 소양이라고 할 수 있다.

이처럼 기술적 이해·비판적 사고·응용 및 창의적 활용·윤리적 이해 및 책임은 AI 리터러시의 핵심 요소로 서로 밀접하게 연결되어 있다. 그러므로 AI 리터러시 교육은 각 요소를 단편적으로 전달하는 데 그쳐서는 안 되며 서로 연계된 하나의 학습 체계로 설계하여 가르쳐야 한다.

참고문헌

류미영·한선관(2023). "인공지능 리터러시 측정을 위한 검사 지표 개발". 《한국컴퓨터정보학회논문지》, 28(7), 39~46쪽.

이유미·박윤수(2021). "AI 리터러시 개념 설정과 교양교육 설계를 위한 연구". 《어문론집》, 85, 451~474쪽.

Long, D. & Magerko, B.(2020). What is AI literacy? Competencies and design consideratios. *Proceedings of the 2020 CHI Conference on Human Factors in Computing Systems.*

04
AI 리터러시 교육의 도입

AI는 미래의 핵심 산업 분야로 세계 각국은 AI 역량을 갖춘 인재 양성을 위해 다양한 교육 정책을 추진하고 있다. 특히, AI 리터러시 교육의 중요성이 높아짐에 따라 이와 관련된 다양한 방안들이 제시되고 있다. 해외의 사례는 좋은 참고 자료로, 이번 장에서는 디지털 교육을 선도하는 국가들의 AI 리터러시 교육 운영 방식을 살펴보며 우리 교육 현장에 필요한 시사점을 정리하였다.

청각장애인과 AI?

주요 국가별 AI 리터러시 교육 정책 방향

자국민의 AI 시민성 함양을 위해 세계 각국에서는 다양한 AI 리터러시 교육 정책을 발표하고 있다. 그러나 AI 리터러시 교육은 이제 막 시작된 단계로 명확한 교육 체계나 표준이 자리 잡지 않은 상황이다. 그러므로 각국에서 AI 리터러시 교육을 어떤 방향과 방식으로 운영하고 있는지를 살펴보는 일은 우리에게 중요한 시사점을 제공해 준다. 그러면 디지털 교육을 선도하는 주요 국가들 – 미국, 유럽연합(EU), 영국, 일본, 싱가포르 – 에서는 AI 리터러시 교육을 어떻게 추진하고 있는지 살펴보자.

미국은 세계 AI 지수 1위 국가로, 세계 상위 50대 AI 기업 중 84%가 미국에 본사를 두고 있을 만큼 AI 분야에서 막대한 영향력을 행사하고 있다. 특히, 자국 내의 빅테크 기업들은 AI 기술 개발과 AI 활용의 트렌드를 주도하며 전 세계 산업의 중심 역할을 하고 있다. 미국은 이에 대한 책임감을 느끼며 초중등 AI 교육을 위한 'AI4K12 이니셔티브'를 설립하고 'AI 교육 5대 핵심 개념(5 Big Ideas)'을 발표하였다. 5 Big Ideas는 인공지능을 이해하는 데 필요한 다섯 가지 핵심 영역으로, '인식, 표현 · 추론, 학습, 상호작용, 사회적 영향'을 선정하여 구성하였다. 그리고 이 핵심 개념을 바탕으로 학교급별로 달성해야 할 교육 목표와 내용을 구체적으로 제시함으로써 학생들이 비판적 사고를 갖춘 디지털 시민으로 성장할 수 있도록 기틀을 마련하였다. 이 외에도, AI 교육의 안정화를 위해서는 교사의 전문성 신장이 중요함을 인식하였고, AI4K12 프로젝트를 통해 AI 리터러시 교수자료와 커리큘럼을 개발 · 보급하고 있다. 이처럼 미국에서는 모든 시민이 AI의 원리를 이해하고 올바른 방향으로 AI를 활용 · 성찰할 수 있도록 해야 한다는 가치관을 바탕으로 다양한 노력을 실천하고 있다.

유럽연합(EU) 역시 비슷한 맥락으로 AI 리터러시 교육의 필요성을 강조하며 교육 체계를 구성하고 있다. 특히, 2019년에 발표된 "신뢰할 수 있는 AI를 위한 윤리 지침(Ethics Guidelines For Trustworthy AI)"(2019)에서는 기술 발전을 무조건 긍정적으로 생각할 것이 아니라, 인간 중심성과 윤리성, 투명성을 핵심 가치로 삼아 올바르게 사용해야 한다는 원칙을 제시하였다. 바로 여기서 AI 리터러시 교육의 목표가 '공동체의 미래에 대한 윤리적 판단 능력을 함양하는 것'이라 생각하는, 유럽연합의 교육관을 살펴볼 수 있다. 이를 실천하고자 유럽연합에서는 학생 발달 단계별 교수 학습 전략과 프로젝트 기반의 AI 리터러시 교육 사례를 개발하여 "AI와 교육: 정책

입안자를 위한 지침(AI and Education: Guidance for Policymakers)"(2021)이라는 보고서를 배포하였다.

이처럼 교육 체계를 전면 개편한 미국·유럽연합과는 달리, 영국은 기존 컴퓨팅 교육과정에 AI 교육을 추가·확대하는 방식으로 디지털 교육 전략을 구성하였다. 영국 교육부는 AI 리터러시 교육을 디지털 시민성 함양을 위한 교육이라 여기며 학생들이 사회적 관점에서 AI를 이해하고 판단할 수 있도록 교육과정을 설계하고 있다. 또한 이를 성공적으로 운영하기 위해서는 교사의 전문성 신장이 최우선 과제임을 인식하여 '국립 컴퓨팅 교육센터(National Centre for Computing Education)'를 중심으로 교원 연수 프로그램을 제공하고 있기도 하다.

영국과 비슷한 사례가 일본의 AI 리터러시 교육 전략이다. 일본은 최근 심각한 고령화로 인해 디지털 전환이 지연되는 문제에 봉착하고 있다. 이 위기에서 벗어나고자 정보 교육을 강화하기 시작하였으며 2019년에는 전 국민을 대상으로 하는 AI 리터러시 강화 계획인 'AI 전략 2019'를 발표하였다. 일본은 AI 리터러시 교육을 평생교육의 관점에서 바라봐야 한다고 주장하며 AI 활용에 대한 윤리 의식을 기르는 데에 중점을 두고 있다. 이에 새로운 교육 체계를 만들기보다는 기존의 교육과정에 AI

교육을 통합하는 방식을 선택하였으며 2022 개정 교육과정부터 고등학교 정보 I 과목을 필수화하여 AI 교육 내용을 공식적으로 반영하였다.

마지막으로 싱가포르는 국가의 지리적 · 인적 자원의 한계를 극복하고자 AI를 국가 경쟁력의 핵심 전략으로 삼으며 인재 양성을 위한 체계적인 AI 교육 시스템을 설계 · 운영하고 있다. 특히, 어린 시절부터 AI 리터러시 교육을 해야 함을 강조하며 초등학교 수준을 반영한 '어린이를 위한 AI(AI for Kids)'라는 놀이형 교육 프로그램을 개발 · 보급하고 있다. 즉, 사고가 형성되기 시작하는 어린 시절부터 AI 리터러시 교육을 제공함으로써 자연스럽게 역량을 함양시키고자 한 것이다.

이처럼 디지털을 선도하는 주요 국가에서는 각국의 상황을 고려한 AI 리터러시 교육 전략을 수립하여 운영하고 있다. 미국과 EU는 새로운 AI 교육 프레임워크를 마련하여 국가 차원의 방향성을 제시하고 있으며, 영국과 일본은 기존 교육과정 안에서 AI 교육을 확장하고, 싱가포르는 AI 리터러시 조기 교육 체계를 마련하여 AI 개념을 자연스럽게 접할 수 있도록 함으로써 미래 인재 양성을 위한 다양한 노력을 기울이고 있다. 그렇다면 세계 각국의 교육 정책 사례에서 우리는 무엇을 배워야 할까?

AI 리터러시 교육을 위한 시사점

주요 선도 국가들의 AI 리터러시 교육 정책을 살펴보면 공통적으로 추구하는 핵심 방향이 있다. 이러한 특징은 한국의 AI 리터러시 교육 정책 설계에 중요한 시사점을 제공해 준다.

첫째, AI 리터러시 교육은 특정 연령층이나 직업군에 한정하지 않고 '모든 시민'을 대상으로 설계해야 한다는 점이다. 미국과 일본은 AI 시대를 살아갈 시민이라면 누구나 당연히 갖춰야 하는 기본적인 시민 역량으로 AI 리터러시를 인식하며 이른 나이부터 체계적인 교육을 받을 수 있는 환경을 마련하고 있다. 이는 한국이 주목해야 할 부분으로, 현재 한국의 AI 교육은 주로 초등학교와 중학교 학생들에게만 집중되어 있어 교육의 범위가 한정되는 경향이 있다. 물론 이는 학생들에게 기초 소양을 길러줄 수 있다는 긍정적인 효과가 있지만, 고등교육 · 직업교육 · 성인교육으로 이어지는 연계 체계가 부족하다는 점에서 한계가 있다. 따라서 한국의 교육부는 AI 리터러시를 '모두를 위한 공공 교육'으로 정의하고 전 생애에 걸쳐 단계별로 받을 수 있는 교육 전략을 수립해야 한다.

둘째, AI 리터러시 교육을 기존 교육과정 내에 통합하여 운영해야 한다는 점이다. 선도 국가들의 대부분은 AI

리터러시 교육을 별도의 과목으로 신설하기보다는 기존의 정보 교육과정에 통합하는 방식으로 교육 체계를 구성하고 있다. 이는 AI 리터러시가 모든 학생이 경험해야 하는 필수 교육임을 반영한 것으로, AI 리터러시 교육에 대한 학생의 학습 부담감을 낮추고 자연스럽게 관련 역량을 기를 수 있도록 하기 위함이다. 즉, AI 교육을 누구나 경험해야 하는 보편 교육으로 인식하게끔 한 것이다. 한국은 2015 개정 교육과정부터 핵심 역량 중심의 교육과정을 운영하며 교과 간 융합을 강조하고 있다. 따라서 AI 리터러시 역량을 새로운 핵심 역량으로 추가 편성하고 기존 교과와 연계하도록 함으로써 통합적인 학습 환경을 조성해야 한다.

마지막으로, AI 리터러시 교육과 관련한 교사의 전문성 신장을 우선시해야 한다는 점이다. 아무리 좋은 교육 정책과 교과 체계가 마련될지라도 그것을 구현하는 교사의 역량이 뒷받침되지 않는다면 그 효과는 줄어들 수밖에 없다. 미국과 영국은 이러한 점을 인식하고 교사의 전문성 강화를 핵심 과제로 삼아 이를 위한 AI 교육 연수 프로그램과 교수 자료를 개발하여 배포하고 있다. 그러나 한국은 아직 교사들의 전문성을 체계적으로 지원하는 시스템이 충분히 마련하지 않은 상태다. 일부 지역 교육청이나 연구 기관에서 단기 연수가 이루어지고는 있으나, 이론적인 내용이나 특정 도구의 사용법에 치중되어 있어 학생의 발달 단계에 맞는 수업 설계나 교과 융합 방안과 같은 실질적인 교수 역량을 기르는 데 한계가 있다. 따라서 한국의 AI 리터러시 교육의 정착화를 위해서는 교사의 전문성 강화를 위한 시스템이 마련되어야 한다. 국가 차원에서 표준화된 AI 리터러시 교원 연수 과정을 개발하고 교사 학습 공동체를 지원하여 새로운 수업 방안과 모형을 개발할 수 있는 환경을 마련해야 한다.

참고문헌

강경아·강도연(2025). "세계와 한국의 인공지능 리터러시 교육 비교 분석 및 정책 제언". 《멀티미디어학회논문지》, 28(2), 317~332쪽.

국회도서관(2024). "주요국의 AI 교육 정책과 사례".

유형동(2025.7.29). "세계 상위 50대 AI 기업 중 84% 미국에 몰려… 5년 미만 신생 기업도 다수". AIPOST. https://www.aipostkorea.com/news/articleView.html?idxno=8999

유네스코한국위원회(2021). "AI와 교육: 정책입안자를 위한 지침(Artificial Intelligence and Education: Guidance for Policy-makers)".

장연주 외(2020). "AI의 5가지 빅 아이디어에 따른 해외 인공지능 교육과정 분석". 《한국컴퓨터교육학회 학술발표대회논문집》, 67~70쪽.

EU(2019). Ethics guidelines for trustworthy AI.

05
한국의 AI 리터러시 교육

한국은 AI 교육을 미래 교육의 핵심 과제로 발표하며 다양한 정책을 추진해 왔다. 그렇다면 AI 리터러시 교육은 어떻게 실행하고 있을까? 이번 장에서는 한국의 AI 교육 정책 동향을 중심으로 AI 리터러시가 교육과정에 어떻게 반영되고 있는지, 이를 교실 현장에 적용하기 위한 가이드라인은 어떻게 제시되고 있는지를 살펴보며 한국형 AI 리터러시 교육의 특징을 정리하였다.

AI 콘텐츠 크리에이터?

한국의 AI 교육 정책 동향

코로나19로 비대면 수업이 시행되면서 학생 맞춤형 교육을 실천하기 위해 교육 현장 곳곳에 AI가 도입되기 시작하였다. 이에 따라 디지털 교육 대전환이 빠르게 이루어졌으며 교육부는 2020년부터 본격적인 AI 교육 정책을 발표하였다. 한국의 AI 교육은 '감성적 창의 인재 양성 · 초개인화 학습 환경 조성 · 따뜻한 지능화 교육'을 목표로 하고 있다(교육부, 2020). 여기서 눈여겨보아야 할 비전은 '감성적 창의 인재 양성'으로, 타인에 대한 배려와 존중, 공감의 태도를 갖추고 더불어 창의적 사고력을 함양한 인재를 기르는 것을 목표로 함을 알 수 있다. 다시 말해, AI가 대체할 수 없는 인간 고유의 역량을 기반으로 한 AI 교육이 필요함을 강조한 것이다.

이를 실현하고자 교육부는 2022 개정 교육과정부터 교과별 영역을 신설하거나 시수를 확대하는 등의 변화를 시도하고 있다. 특히, 정보 교과의 경우 시수를 대폭 증가시켜 AI 교육을 위한 실질적인 수업 시간을 확보할 수 있도록 하였다. 초등학교 5~6학년 군은 17시간에서 34시간으로, 중학교는 34시간에서 68시간으로 2배나 증가시켰다. 이 외에도, 고등학교는 AI 기초, AI 수학, 데이터 과학 등의 전문 선택 과목을 신설하여 연간 68차시 이상의 AI 교육을 운영할 수 있도록 하였다.

그러나 한정된 수업 시간 내에 질 높은 AI 교육이 이루어지기 위해서는 무엇보다 교사의 역량이 뒷받침되어야 한다. 이에 교육부와 각 시 · 도 교육청은 교사의 AI 역량 강화를 위한 연수 체계를 구축하기 시작하였다. 대표적으로, AI 리터러시, AI 윤리 교육, AI를 활용한 수업 설계 등을 주제로 한 전국 단위의 원격 직무 연수를 개설하였으며 2024년부터는 '교실 혁명 선도 교사', 'Touch 교사단', 'AIEDAP'과 같은 연수 제도를 운영하여 AI 기반의 수업 혁신을 이끌 교사를 양성하고 있다. 또한 AI 교육 문화를 학교 현장에 확산시키기 위해 '지식샘터'나 '함께 학교-수업의 숲'과 같은 공유 플랫폼을 운영함으로써 교사들이 AI와 관련된 이론이나 실천 수업 사례에 대해 언제든 학습하고 나눌 수 있도록 환경을 지원하고 있다.

2022 개정 교육과정과 AI 리터러시

한국의 AI 교육은 '기술과 인간다움의 공존'을 핵심 목표로 삼고 있다. 이는 AI 리터러시를 의미하는 것으로, 2022 개정 교육과정은 미래 역량 함양을 강조하며 정보 교과 역량으로 '디지털 소양'과 'AI 소양'을 제시하고 있다. AI 리터러시라는 용어가 정확히 명시된 것은 아니지만, AI 소양의 하위 요소인 AI 문제 해결력 · 데이터 문해력 · AI 윤리 의식은 AI 리터러시의 핵심 역량과 연계할 수 있다(김양은 외, 2024). 이처럼 2022 개정 교육과정은 변화하는 시대 흐름에 맞춰 학생들이 미래 사회에 필요한 AI 리터러시 역량을 자연스럽게 학습할 수 있도록 구성되었다. 이는 성취 기준을 통해 구체적으로 확인할 수 있다.

먼저 정보 교과의 경우, '[9정04-01] 인공지능의 개념과 특성을 설명하고 인공지능 소프트웨어를 구별한다'는 성취 기준을 통해 AI 기술의 원리와 구조에 대해 학습하도록 하였으며, '[9정04-05] 인공지능 학습에 필요한 데이터의 수집과 활용에서 발생하는 윤리적인 문제의 해결 방안을 구상한다'는 성취 기준에서는 AI에 대한 비판적 사고력과 윤리적 성찰 태도를 함양하도록 하였다. 또한 '[9정04-04] 인공지능 시스템으로 해결 가능한 문제를 발견하고, 문제 해결에 적합한 인공지능 시스템을 적용한다'는 성취 기준은 적합한 AI 도구를 활용하여 실제 문제를 해결하도록 함으로써 AI 리터러시 역량이 균형 있게 반영되도록 하였다.

이 외에도 국어, 사회 등의 교과에서도 AI 리터러시 역량과의 연계성을 확인할 수 있다. 대표적인 예로, 국어과는 '매체' 영역을 새로 추가하며 AI가 생성한 텍스트를 새로운 소통의 매개체로 학습하도록 하였다. '[6국06-02] 뉴스 및 각종 정보 매체 자료의 신뢰성을 평가한다'는 성취 기준을 통해 AI가 제공한 정보의 출처를 분석하고 그 정보의 신뢰성을 판단하는 능력을 기르도록 한 것이다. 또한 '[6국06-03] 적합한 양식과 수용자의 반응을 고려하여 복합 양식 매체 자료를 제작하고 공유한다'는 성취 기준은 학생들에게 생산자로서의 윤리적 책임감을 느끼게 하여 올바른 방향으로 AI를 활용하는 태도를 기르도록 하였다.

이처럼 2022 개정 교육과정은 AI 리터러시를 각 교과와 연계하여 설계함으로써 학생들이 AI 시대를 살아가는 데 필요한 지식, 기능, 태도를 종합적으로 기를 수 있도록 하였다.

AI 리터러시 교육 가이드라인

AI 리터러시 역량이 교육 현장에서 올바르게 실천되기 위해서는 현실 상황을 반영한 세부적인 안내 지침이 필요하다. 이에 각 시 · 도 교육청에서는 지역의 특성을 고려한 실천 가이드라인을 배포하였다.

대표적인 예로, 서울특별시교육청에서 개발한 "서울형

인공지능 윤리교육 자료"(2023)에서는 서울 미래 교육의 핵심 가치인 '존엄 · 포용 · 공존'을 바탕으로, 체험형 윤리 교육 방식의 AI 리터러시 교육을 제시하고 있다. 이 자료에서는 AI 리터러시 교육이 AI가 인간과 사회에 미치는 영향에 대해 비판적으로 성찰하고 인류 전체를 위해 AI를 활용하는 자세를 기르는 방향으로 이루어져야 한다고 강조한다. 이를 위해, 기술적 이해(Technology), 체험과 공감(Experience & Emotion), 교과 간 연계(Disciplines)의 세 단계로 구성된 TED 수업 모델을 자체 개발하였다.

자세히 살펴보면, 먼저 '기술적 이해' 단계는 학생들이 다양한 AI 도구를 체험하며 그 원리를 학습하는 과정이다. 다음의 '체험과 공감' 단계는 AI가 인간에게 미치는 영향을 체험하며 AI로 발생할 수 있는 사회적 · 윤리적 문제에 대해 탐구하는 과정이다. 마지막으로 '교과 간 연계' 단계는 다양한 교과와 연계하여 AI 윤리를 실천하는 과정으로, TED 모델은 학생들이 AI의 가능성과 한계점에 대해 인식하며 책임감 있는 AI 시민으로 성장하는 것을 목표로 한다.

이 교육 자료에서 우리는 한국의 AI 리터러시 교육이 지향하는 방향을 확인할 수 있다. 첫째, 일상생활과 연계된 AI 리터러시 교육을 강조한다는 점이다. 서울형 인공지능 윤리 교육 자료는 학생의 삶과 밀접하게 연결된 10가지 핵심 윤리 주제－인권 보장 · 프라이버시 보호 · 공공성 · 다양성 존중 · 데이터 관리 · 책임성 · 연대성 · 투명성 · 안정성 · 침해 금지－를 선정하여 수업 사례를 제시하고 있다. 즉, 학생들이 AI로 인해 발생할 수 있는 일상 속의 윤리적 · 사회적 문제를 탐구하며 성찰하는 역량을 기르는 것을 목표로 하는 것이다. 이를 통해 한국에서는 AI 리터러시 교육을 AI 시민성을 기르는 교육이라고 인식하며 AI와 함께 살아가는 사회 구성원으로서 갖추어야 할 책임 있는 태도와 가치관을 형성하는 데 중점을 두고자 함을 알 수 있다.

둘째, 학생 주도의 체험형 AI 리터러시 교육을 설계하였다는 점이다. 서울형 교육 자료는 학생이 직접 탐구하고 판단하는 체험 중심의 수업을 강조한다. 예를 들어, '인권 보장' 주제에 대해 학습할 때, 학생들이 AI 안면 인식 기술에 의해 차별받는 상황을 체험하도록 하여 AI가 지닌 윤리적 위험성을 느끼게 하고, 인권을 보호하는 AI를 만들기 위해서는 어떻게 해야 하는지에 대해 고민하는 시간을 주어 기술 활용에 대한 책임 있는 태도를 기르도록 한다. 이처럼 학생이 스스로 문제를 인식하고 해결 방안을 고민하는 방식의 수업을 통해 주체적인 AI 시민성을 기르고자 한 것이다.

셋째, 교과 간 연계를 기반으로 한 AI 리터러시 교육을 설계했다는 점이다. 서울형 인공지능 윤리 교육 자료에서는 AI 윤리를 다양한 교과와 융합하여 다루어야 하는 통합 주제로 바라보고 있다. 예를 들어, '침해 금지'를 학습할 때, 딥페이크 기술이 지구촌에 일으킬 수 있는 문제와 관련지음으로써 그 위험성과 해결 방안을 탐구하도록 하는 것이다. 이처럼 한국의 AI 리터러시 교육은 교과 간 융합을 통해 AI 기술이 사회에 미치는 영향에 대해 다양한 시각에서 바라보고 성찰할 수 있는 성숙한 시민성을 기르는 것을 지향한다.

다시 말해, AI와 인간의 조화로운 공존을 위한 역량을 함양하는 교육이 한국의 AI 리터러시 교육의 방향이라고 할 수 있다.

참고문헌

교육부(2020). "인공지능시대 교육정책방향과 핵심과제".

교육부(2022). "2022 개정 교육과정".

김양은 외(2024). "AI 리터러시 교육 커리큘럼 개발 연구". 한국언론진흥재단 미디어본부.

서울특별시교육청(2023). "서울형 인공지능 윤리 교육자료".

06
AI 리터러시 교육 정착을 위한 정책 과제

AI 리터러시 교육의 확산을 위해 다양한 교육 정책들이 추진되고 있으나 교실 현장에서 실천되기에는 여전히 여러 한계점이 존재한다. 단발성의 연수 운영 체계, 지역 간 인프라 격차, 교육 자문 기구의 부재 등으로 인해 현장 교사들이 AI 리터러시 교육을 운영하는 데 많은 어려움이 따르고 있다. 이번 장에서는 이러한 현실적인 문제를 살펴보며 AI 리터러시 교육의 정착을 위해서는 어떠한 정책적 지원이 필요한지를 정리하였다.

AI와 민주주의?

실효성 있는 정책 지원의 필요성

앞 장에서 살펴보았듯이, 한국은 AI 교육을 국가 경쟁력 확보의 핵심 전략으로 여기며 다양한 정책을 추진하고 있다. 그러나 제도적 지원에도 불구하고 여전히 교실 현장에서 AI 리터러시 교육을 실행하기에는 많은 어려움이 있다.

이런 문제가 발생하는 가장 큰 원인은 바로 '교실 현장과 괴리된 정책' 때문으로, 교육과정 개정 · 가이드라인 개발과 같은 이론 중심의 정책은 방향성을 제시하는 데에는 의미가 있지만 실제 수업으로의 실천으로 이어지기 위해서는 추가적인 지원이 필요하다. 실제로 "교육 분야의 인공지능: 지속 가능한 개발을 위한 도전과 기회(Artificial Intelligence in Eduction: Challenges and Opportunities for Sustainable Development)"(2019) 국제 보고서에서도 이러한 문제점을 지적하고 있다. 이 보고서에 따르면, AI 교육은 교사의 전문성 개발 · 기술 인프라 구축 · 사회적 윤리 기준 수립과 같이 다층적인 정책 접근이 갖추어졌을 때 가능하다고 한다.

이 외에도, AI4K12 이니셔티브에서도 실효성 있는 AI 교육을 위해서는 교사 연수 · 공공 커리큘럼 개발 · 교육 생태계 조성과 같은 공공 차원의 정책이 우선시되어야 함을 제시하고 있다. 이는 교사가 실제 수업에서 AI 교육을 실천할 수 있는 역량을 기르고 지역 간 격차를 줄이기 위한 균등한 인프라 지원이 이루어져야 함을 강조한 것이다.

따라서 한국 교육부는 AI 리터러시 교육 정책이 정착될 수 있도록 체계적인 교사 연수 시스템 마련 · AI 리터러시 교육을 위한 인프라 구축 · AI 리터러시 교육 자문기구 조직과 같은 실천 중심의 정책적 지원을 강화해야 한다.

지속성 있는 교사 연수 시스템

AI 리터러시 교육이 안정화되기 위해서는 지속적인 교육을 운영할 수 있는 교사의 전문성을 신장하는 것이 가장 중요하다. 그러나 AI 리터러시 교육은 급격한 사회 변화에 따라 등장한 새로운 영역으로, 이에 대한 교사의 역량 역시 충분히 길러지지 않은 상황이다. 따라서 교사 개인이 AI에 대한 깊이 있는 이해를 바탕으로 수업을 설계할 수 있게끔 지원하는 체계적인 연수 시스템을 마련해야 한다.

그러나 현재 운영되는 대부분의 연수는 단발성으로, AI에 대한 이해나 기능 습득에 중점을 두고 있다. 이러한 방식은 새로운 교육 영역에 대한 흥미를 불러일으킬 수는 있지만, 교사가 AI 리터러시 수업을 설계하고 실제 교실에서 실행하는 역량을 기르기에는 한계가 있다. 특히, AI 분야는 개인 간의 역량 차이가 큰 분야이지만 현재 이루어지고 있는 연수는 이러한 수준 차이를 고려하지 않고 동일한 내용으로 진행되고 있어 오히려 연수 효과를 떨어트리는 결과를 낳고 있다.

그러므로 질 높은 AI 리터러시 교육이 실천되기 위해서는 교사 연수 시스템 구축이 선행되어야 한다. 교사의 AI 리터러시 역량 수준에 따라 기초, 심화, 전문가 단계로 연수 과정을 세분화하고 각 단계에서 다루어야 하는 학습 내용과 목표를 명확히 하여 연계형의 표준화된 연수 시스템 체계를 마련해야 한다. 이때 학년별 특성을 고려한 수업안 예시와 평가 자료도 함께 안내함으로써 연수가 교실 현장과 이어질 수 있도록 환경을 조성할 필요가 있다.

인프라 구축

AI 리터러시 교육은 기본적으로 기술을 기반으로 하기에 디지털 기기와 안정적인 인터넷 환경 구축이 필수다. 그러나 현재 학교 현장을 살펴보면, 지역에 따라 디지털 기기 보급률의 차이가 매우 크게 나타나는 것을 확인할 수 있다. 전국 17개의 시 · 도 중 디지털 기기 보급률이 100% 이상인 지역은 5곳에 불과하며 기기 보급률이 낮은 지역은 절반 수준에도 못 미치는 결과를 보이고 있다(한국지능정보사회진흥원, 2024). 이처럼 두 배 이상 차이가 나는 시 · 도 간의 격차는 곧 교육의 불평등 문제와 연결된다. 디지털 환경이 구축된 지역의 학생들은 다양한 AI 기반의 학습 경험을 쌓을 수 있는 반면, 그렇지 않은 지역의 학생들은 기본적인 기기 사용에 대한 경험을 쌓기도 어려운 상황인 것이다. 따라서 지역별 · 학교별로 교육의 질 차이가 발생하지 않도록 국가 차원에서 모든 학생이 1인 1기기 환경에서 학습할 수 있도록 지원하는 정책이 시급하다.

또한 무선 인터넷 환경의 불안정성 역시 중요한 해결 과제 중 하나다. 실제로, 수업 중에 기기 연결이 자주 끊기거나 속도가 느려져서 수업 흐름이 중단되는 사례가 빈번하게 발생하고 있다. 이는 교사의 수업 설계뿐만 아니라 학생의 학습 몰입도에도 영향을 주어 원활한 AI 리터러시 교육 운영에 방해 요인이 된다. 현재 일부 학교에서는 '스쿨넷'이라는 전용 회선을 사용하여 학습을 진행하고 있지만, 속도가 1Gbps로 제공되고 있어 평균 20명

가량의 학생이 있는 교실에서 AI 수업을 진행하는 데에 한계가 있다. 이에 최근 교육부에서는 일부 시범 학교를 대상으로 2.5~10Gbps 속도의 별도 망을 구축하고 있으나 여전히 그 수가 제한적이다(한국지능정보사회진흥원, 2024). 따라서 실질적인 AI 리터러시 수업 운영을 위해서는 전국적인 단위의 학교 고속 인터넷망 보급이 이루어져야 한다.

이 외에도, AI 리터러시 교육 콘텐츠 플랫폼 문제도 살펴볼 수 있다. 현재 교실 현장에서 활용할 수 있는 AI 리터러시 학습 콘텐츠는 대부분 민간 기업에서 개발한 서비스로, 이들은 상업적인 목적으로 운영하는 경우가 많다. 이로 인해, AI 리터러시의 본질적인 교육 목적과는 달리, 체험 중심의 콘텐츠나 학년별 발달 단계를 고려하지 않은 자료가 제공되는 경우를 쉽게 찾아볼 수 있다. 이는 AI 리터러시 수업 설계의 어려움으로 이어져 수업의 질을 낮추는 문제를 발생시킨다. 따라서 국가 차원에서 AI 리터러시 교육의 교육 목표에 부합한 공공 교육 플랫폼을 개발함으로써 교사와 학생이 수업 콘텐츠를 안정적으로 활용할 수 있는 환경을 마련해야 한다. 이러한 플랫폼은 현재 당면하고 있는 지역 간, 학교 간의 교육 격차 해소에도 도움을 줄 수 있다.

AI 리터러시 교육 전문 자문 기구

한국은 미래 산업의 핵심인 AI 경쟁력을 높이기 위해 '국가 AI 전략 위원회'를 설립하였다. 이 위원회는 산업적 활용과 경제적 성장에 중점을 두고 있어 상대적으로 교육 분야에 대한 영향력은 부족한 편이다. 미래 사회의 시민으로서 AI 리터러시 역량을 함양해야 한다는 인식과 달리, AI 교육을 중장기적으로 설계하고 조율할 전문 자문 기구는 존재하지 않는 것이다.

그러나 해외 주요국들을 살펴보면 AI4K12와 같이 AI 교육 정책을 전문적으로 평가하고 주기적으로 점검하는 전담 기구를 마련하고 있다. 물론 한국 역시 필요한 시점에는 관련된 교육 전문가를 초청하여 의견을 수렴하고는 있으나, 단기적인 소집에 그쳐 장기적 관점의 교육 정책이나 로드맵을 마련하는 데에는 한계가 있다. 이러한 구조 속에서는 지속성 있는 AI 리터러시 교육 정책이 수립되기 어려우며 다시금 교육 현장의 상황을 반영하지 못하는 정책이 반복될 우려가 있다. 특히, AI 기술이 빠르게 변화하면서 우리 사회에는 AI와 관련된 새로운 윤리적 문제나 사회적 합의가 필요한 상황들이 계속해서 발생하고 있다. 이러한 사회 변화를 반영한, 실효성 있는 AI 리터러시 교육을 운영하기 위해서는 이를 점검할 수 있는 환경 마련이 필수적이다.

따라서 한국은 AI 리터러시 교육만을 전담하는 전문 기구나 전담 부서를 설립하여 교육과정의 방향을 제안하고 장기적 관점에서의 교육 정책을 제시할 수 있어야 한다. 또한 이 기구를 통해 교사와 함께 하는 주기적인 교육 협의회를 개최하여 실제 교육 현장을 살펴보고 이를 반영한 정책을 마련함으로써 교육 현장을 고려한 안정적인 교육 운영을 지원해야 한다.

이처럼 AI 리터러시 교육을 정착하기 위해서는 지속성 있는 교사 연수 · 균등한 인프라 구축 · 전문 자문 기구 마련, 이 세 가지 요소를 유기적으로 결합한 정책적 지원이 중요하다. 인프라 구축을 통해 학생 모두에게 균등한 학습 기회를 제공하고, 연수 시스템을 통해 교사의 전문성을 길러 수업의 질을 높이며 전문 전담 기구를 통해 변화하는 사회적 요구를 반영한 정책을 마련함으로써 지속성 있는 AI 리터러시 교육을 운영해야 한다.

참고문헌

한국지능정보사회진흥원(2024). "데이터로 살펴본디지털 교육혁신 현황: AI 디지털교과서를 중심으로". 《Data Brief》, 2024-3.

Pedró, F. et al.(2019). Artificial Intelligence in Eduction: Challenges and Opportunities for Sustainable Development.

07
AI 리터러시 수업 설계 전략

그렇다면 AI 리터러시 교육은 어떻게 설계해야 하는 것일까? AI 리터러시는 단순한 지식 이해가 아닌, 비판적인 사고력과 윤리적 활용 역량을 기르는 데 중점을 둔다. 따라서 기존의 '설명 방식 수업'으로는 역량을 기를 수 없으며 다른 방식의 수업 전략이 필요하다. 이 장에서는 AI 리터러시 수업을 설계할 때 지향해야 할 원칙을 제시하며 수업 설계의 방법을 안내하였다.

AI와 애니메이션?

AI 리터러시 수업 설계

AI는 하루가 지나면 새로운 도구와 서비스가 등장할 만큼 매우 빠른 속도로 발전하고 있으나 그 근간이 되는 원리는 그대로다. 따라서 AI 리터러시 교육은 AI 기술의 사용법을 가르치는 것이 아니라, 그 기술을 어떤 시각에서 바라보고, 어떤 기준으로 활용하게 할 것인지에 대한 가치관을 정립하는 데 중점을 두고 설계되어야 한다. 이를 위해서는 학생들의 사고를 확장할 수 있는 '사고 기반의 학습 구조'로, 다음 네 가지 원칙—생활 속 문제에서 출발하기 · 질문이 바탕이 되기 · 놀이와 학습하기 · 창의적 결과물 만들기—을 중심에 두고 설계해야 한다.

생활 속 문제에서 출발하기

AI는 우리 일상 곳곳에 스며들어 있지만, 학생들은 이를 인지하지 못하고 그저 영화 속에서 보던 신기한 기술로만 생각하는 경우가 많다. AI를 전문가들의 영역이라 생각하며 자신의 삶과는 관련이 없는 분야라고 느끼는 것이다. 이러한 인식은 AI에 대한 흥미를 낮추게 하여 AI 교육에 대한 거부감을 가지게 할 위험이 있다. 그러므로 AI 리터러시 수업을 설계할 때는, 학생들이 일상생활에서 마주할 수 있는 문제 상황을 소재로 하여 출발하는 것이 무엇보다 중요하다. 생활 속의 친숙한 주제는 학습의 진입 장벽을 낮추어 학생들의 탐구 동기를 자연스럽게 유발할 수 있다. 예를 들어, 유튜브의 추천 알고리즘을 사례로 활용하는 것이다. AI가 평소 자신이 보던 영상과 비슷한 영상을 자동으로 재생해 주는 경험을 소재로 하여 AI는 어떤 방식으로 데이터를 수집하고, 어떤 원리로 작동하여 개인의 선택에 영향을 주는지에 대해 탐구하게 하는 것이다. 이처럼 학생들의 삶과 연계한 수업은 AI를 어려운 첨단 기술이 아닌, 일상생활의 편리함을 주는 도구로 인식하게 하여 학습에 대한 부담을 낮추고 학습의 몰입도를 높이게 할 수 있다. 또한 AI의 원리와 영향력에 대해 깊이 이해할 수 있도록 도와 책임감 있는 태도를 기르게 할 수 있다.

따라서 생활 속 문제를 소재로 하여 수업을 설계하는 것은 AI 리터러시 수업의 출발점이라고 할 수 있으며 이후의 탐구, 질문, 성찰 단계로 확장하는 데 기반이 된다.

질문이 바탕이 되기

경험은 학습에 흥미를 느끼게 하는 좋은 소재이지만, 이것이 배움으로 확장되기 위해서는 '좋은 질문'을 설계하는 것이 필요하다. AI 리터러시 교육의 궁극적인 목표는

'주체적으로 AI를 사고하고 판단하며 활용하는 능력을 지닌 시민'을 길러내는 것이다. 질문은 학생의 사고를 확장하고 이해의 깊이를 더하는 핵심적인 도구로, 좋은 질문을 통해 학생이 스스로 자신만의 가치관을 정립할 수 있게끔 끊임없이 생각하는 환경을 마련해 주어야 한다. 그러므로 AI 리터러시 수업은 질문에서 출발하여 질문으로 마무리하는 구조로 설계함으로써 학생이 스스로 자신만의 답을 찾아가며 사고를 확장할 수 있도록 해야 한다.

그러한 관점에서 AI 리터러시 수업의 질문은 크게 3단계로 나눌 수 있다.

첫째, '호기심을 불러일으키는 질문'이다. 학생들이 일상생활에서 겪는 사례를 바탕으로 '어떻게 이런 일이 가능한 것인지', '왜 이런 결과가 나온 것인지'와 같은 기본적인 질문을 제시하는 것이다.

1단계 질문을 통해 학생들이 AI의 원리에 대한 궁금증을 가지게 되었으면, 둘째로는 '이해를 돕는 질문'을 제시한다. 'AI에 입력한 데이터가 바뀌면 그 결과도 달라지는 것인지', 'AI는 어떤 알고리즘에 의해 작동되는 것인지'와 같은 질문을 통해 AI의 구조와 작동 방식을 탐구하도록 한다. 이 질문을 통해 학생들은 AI가 지닌 한계점을 이해할 수 있다.

마지막은 '성찰하는 질문'으로, 학생들이 성숙한 AI 시민으로서의 자질을 갖출 수 있도록 질문을 제시하는 것이다. 'AI에 입력되는 데이터는 결국 누가 입력하는 것인지', 'AI의 판단은 모두에게 공정한지', 'AI의 판단을 어느 정도까지 수용해야 하는지'와 같은 질문을 통해 AI가 개인의 삶과 사회 전반에 미치는 영향에 대해 비판적으로 성찰하며 올바른 가치관을 정립할 수 있도록 한다.

이처럼 질문을 바탕으로 한 수업은 학생들의 생각하는 힘을 기르게 하여 자신만의 AI 리터러시 역량을 함양하게 할 수 있다.

놀이와 학습하기

AI 리터러시 역량은 학생의 경험과 가치관에 따라 다르게 형성될 수 있다. 다시 말해, AI 리터러시 교육에는 하나의 정답이 존재하지 않으며 학생들이 다양한 문제 상황을 경험하면서 자신만의 AI 가치관을 찾아가는 과정이라고 할 수 있다. 예를 들어, '데이터 편향 문제'에 대해 학습할 때, 문제 상황을 이해시키고자 설명 중심의 교육을 활용하여 데이터 수집, 알고리즘과 같은 개념을 가르친다고 하자. 그러나 이 개념은 매우 추상적인 개념으로,

특히 초등학교 수준에서 이해하기에는 한계가 있다. 그러므로 AI 리터러시 수업은 과정 속에서 배우고 깨닫는 탐구형 학습으로 설계해야 한다.

그렇다면 어떻게 접근해야 할까? 바로 '놀이'를 기반으로 수업을 설계하는 것이다. 놀이는 학생이 몸을 움직이며 자연스럽게 개념을 체험하게 하는 수업 방법으로, 실패를 두려워하지 않아도 되는 편안한 분위기를 조성할 수 있다. AI 개념은 매우 복잡하기 때문에 학생이 여러 번 시도를 반복할 수 있는 안전한 환경이 필수다. 놀이 기반의 수업은 학생들이 조금 더 열려있는 자세로 학습할 수 있도록 하여 스스로 탐구하고자 하는 동기를 부여할 수 있다. 예를 들어, 놀이를 활용하여 AI의 데이터 학습 과정을 배운다고 해 보자. 다양한 그림이 있는 예시 그림 카드를 보고 돌아가며 자신만의 기준으로 그림들을 분류한다. 다른 모둠원들은 분류한 결과를 보고 기준이 무엇인지를 생각하고 그 기준에 맞게 나머지 예시 그림을 올바르게 분류한다. 이 과정을 통해 학생들은 AI가 데이터를 어떻게 분류하고 학습하는지, 그 과정에서 데이터 편향 문제가 어떻게 발생하게 되는 것인지를 자연스럽게 학습할 수 있다.

이처럼 놀이 기반의 수업은 학생의 개념적 이해를 도

울 수 있으며 학생들의 다양한 사고를 가능하게 하여 AI를 둘러싼 문제 상황에 대해 자신만의 생각을 정리하도록 도울 수 있다.

창의적 결과물 만들기

지식을 학습하였다는 것은 실제로 그것을 활용할 줄 안다는 것을 의미한다. 현재 우리는 AI로 많은 문제를 해결하며 살아가고 있으며 AI 활용 능력은 미래 사회를 살아갈 학생들에게 필수적인 역량이 되었다. 그러므로 교실 현장에서도 AI를 활용하여 새로운 가치를 만들어 내고 문제를 해결하는 경험을 제공해야 한다.

특히, 최근에 형식은 비슷하되 세부적인 기능에 차이를 보이는 수많은 AI 도구들이 등장하고 있다. 다시 말해, 이제는 상황에 따라 적절한 AI 도구를 선별하고 필요한 기능을 찾아 창의적으로 활용하는 능력이 중요해진 것이다. 이러한 변화 속에서 AI 리터러시 수업은 학생들이 스스로 주제를 정하고, 목적에 맞는 AI 도구를 활용하여 문제를 해결하고 창의적인 결과물을 제작하는 방향으로 설계되어야 한다. 예를 들어, 환경 문제에 대해 학습할 때 어떤 학생은 이 문제를 홍보하는 챌린지 영상을 만들기 위해 영상 편집 AI 도구를 선택할 수 있고, 또 다른 학생은 심각성을 강조해서 보여주기 위해 데이터를 분석하여 시각화해 주는 AI 도구를 선택할 수 있다. 이처럼 창의적 결과물을 만드는 과정 속에서 학생들은 창의력뿐만 아니라 AI 기술을 비판적으로 사용해야 함을 몸소 느낄 수 있다.

이 과정에서 무엇보다 중요한 점은 학생 자신이 제작한 결과물이 다른 사람에게 또는 사회에게 어떠한 영향을 미칠지를 성찰할 수 있도록 해야 한다는 것이다. 이 결과물 속에 포함되어 있는 저작권, 편향, 표현의 윤리성 등의 문제를 생각하며 활동할 수 있도록 끊임없이 안내해 주는 것이 필요하다. 그러므로 교사는 학생들이 '무엇을 만들고 있는가'보다 '어떤 의미를 표현하고 있는가'를 스스로 점검할 수 있도록 유도해야 한다. 이러한 과정을 통해 학생들은 AI를 책임 있게 활용하는 시민으로서의 역량을 함양할 수 있을 것이다. 따라서 '창의적 결과물 만들기'는 AI 리터러시의 마지막 단계이자 이전 단계의 학습을 확장하는 과정이라고 할 수 있다.

참고문헌

임진숙 외(2021). 《모두를 위한 인공지능 언플러그드》. 씨마스.

08
학교 현장에서 실천하는 AI 리터러시 교육

AI 리터러시 교육이 중요하다는 인식이 확산되고 있지만, 정작 교실 현장에서 어떻게 구현해야 하는지는 여전히 쉽지 않은 과제다. 이 장에서는 실제 초등학교 교육 현장을 고려한 수업 사례를 제시함으로써 AI 리터러시 교육의 실천 방안을 구체적으로 살펴보고자 한다.

AI와 인재 채용?

메타버스와 함께 배우는 AI 오류 가능성

실제 교실에서는 AI 리터러시 수업을 어떻게 실천할 수 있을까? 이번 장에서는 필자가 설계한 AI 리터러시 수업을 사례로 하여 그 방법을 살펴보고자 한다.

첫째는 AI에 대한 비판적 사고력을 함양하기 위한 수업으로, 메타버스 플랫폼인 ZEP을 활용하여 '달려라! GPT 탐정단' 수업을 설계하였다. AI 리터러시는 초등학교 수준에서 매우 추상적인 개념으로 놀이형 수업을 통해 AI의 한계를 체험하고 자연스럽게 탐구할 수 있는 환경을 마련하는 것이 중요하다. 먼저 ZEP의 다양한 맵 중 '퀴즈 달리기 맵'을 활용하여 가상의 공간을 설정한다. 이 활동은 모둠별 협력 활동으로, 교사는 모둠별 달리기 라인에 퀴즈 박스와 힌트 박스를 삽입하여 준비한다. 퀴즈 박스에는 달리기 게임을 하는 동안 학생들이 해결해야 하는 문제를, 힌트 박스는 학생들이 문제를 해결할 때 열어 봐야 할 Chat GPT로 찾은 정보를 담는다. 이렇게 준비를 완료하였으면 이제 학생들은 모둠별 대표 계정으로 메타버스에 접속한 뒤 달리기 출발선에 선다. 그리고 교사는 게임 시작을 누르고 활동을 시작한다.

달리기 라인을 따라 모둠별로 달리다 보면 수업 전 교사가 저장해 놓은 퀴즈와 힌트 박스가 놓여 있는 것을 확인할 수 있다. 이 힌트는 사전에 교사가 GPT를 활용하여 찾은 정보를 캡처한 화면으로, 일부 퀴즈에는 잘못된 정보를 캡처하여 저장해 놓았다. 예를 들어, '이순신 장군이 울돌목에서 대승리를 거둔 임진왜란 전투는 무엇인가요?'라는 퀴즈의 힌트로 '임진왜란 때, 이순신 장군이 울돌목에서 큰 공을 세워 일본을 물리친 전투는 노량해전이라고 할 수 있어요'와 같이 잘못된 내용을 제시하는 것이다. 따라서 학생들은 힌트를 그대로 받아들이지 않고 모둠원과 협력하여 그 정보가 사실인지 아닌지를 확인하며 문제를 해결하게 된다.

이렇게 모든 퀴즈 풀이가 끝나면 모둠별로 토의 시간을 가지며 AI의 오류 가능성에 대해 느낀 점을 정리한다. 이 과정에서 학생들은 AI는 입력된 데이터와 알고리즘에 의존하는 존재임을 깨닫고 현명한 AI 사용자가 지켜야 하는 'AI 사용 가이드라인'을 작성한다. 예를 들어, 'AI는 특정 시기 이전의 정보를 모르기 때문에 AI를 활용하여 정보를 검색할 때는 사실인지를 꼭 확인해야 한다, AI는 특정 집단에 대한 차별적인 정보를 제공할 수 있기에 객관적인 결과인지를 확인해야 한다'와 같은 내용을 적는 것이다. 이 활동은 AI가 제공하는 정보를 비판 없이 수용하는 것이 얼마나 위험한지를 인식하게 하여 항상

AI가 생성한 결과의 신뢰성과 타당성을 검증하려는 태도를 기르게 할 수 있다.

AI와 현명하게 대화하기

AI에 대한 비판적 사고력과 함께 강조되는 역량이 있다. 바로 AI와 현명하게 소통하는 능력이다. 최근 AI의 빠른 정보 처리 능력을 활용하여 정보를 찾는 사람이 늘어나고 있다. 하지만 정작 원하는 답을 얻기 위해서 어떻게 질문해야 하는지는 알지 못하여 부정확한 정보를 얻거나 오히려 더 많은 시간이 소요되는 경우가 발생하고 있다. 이에 질문 설계의 중요성을 느낄 수 있도록 뤼튼을 활용한 '생성형 AI 골든벨' 수업을 설계하였다.

현재 우리나라에서는 "학교급별 생성형 AI 활용 지침"(2023)을 통해 교육 활동 내의 생성형 AI 사용에 대한 가이드라인을 제공하고 있다. 초등학교의 경우, '해당 연령에서 사용이 가능한 서비스인 경우'와 '교사의 추가 작업을 통해 생성형 AI 산출물의 안정성을 확보할 수 있는 경우'에만 보호자의 동의를 받아 학생들의 사용을 허가하고 있다. 대표적인 생성형 AI 도구인 GPT의 경우, 만 13세 이상부터 사용할 수 있어 초등학교 학생은 직접적인 사용을 할 수 없다. 그래서 본 활동에서는 보호자의 동의를 받으면 13세 미만도 사용할 수 있는 '뤼튼(Wrtn)'을 사용하여 수업을 구성하였다.

이 수업은 학생들이 일상생활에서 겪을 수 있는 현실적인 고민을 상황으로 제시하며 AI를 활용하여 해결 방안을 탐색하는 활동으로 설계하였다. 예를 들어, '안중근 의사를 소개하는 자료를 만들고 싶은데 어디서부터 자료 조사를 해야 할지 모르겠어'나 '가족들과 2박 3일로 강릉 여행을 가려고 해. 그런데 어떻게 여행 계획을 짜야 할지 모르겠어'와 같은 구체적인 고민 상황을 학생들에게 제시하는 것이다. 학생들은 모둠 구성원과 함께 어떻게 질문할 것인지를 고민하고 태블릿 PC를 활용하여 뤼튼에게 문제 해결을 위한 정보를 요청한다. 이때 대부분의 학생은 '2박 3일 강릉 여행 계획을 세워 줘'와 같은 단순한 질문을 제시하고, 뤼튼 역시 모호한 답변을 제공한다. 이때 교사는 학생들에게 AI가 명확한 상황과 조건을 입력받아야 더 나은 답을 제공할 수 있다는 점을 깨닫게 하며, '어떤 정보를 더 알려주어야 뤼튼이 우리 상황을 잘 이해할 수 있을까?'와 같은 질문을 제시한다.

이제 다음 단계로 넘어가 질문을 다듬는 과정을 진행한다. 이 단계에서는 모둠원과 함께 뤼튼에게 물어본 첫 번째 질문의 문제점을 분석하고 원하는 답변을 얻기 위해서는 어떻게 질문을 수정해야 하는지에 대해 논의한다. 그리고 수정한 질문을 다시 뤼튼에 입력하고 답변이 어떻게 달라지는지를 관찰하며 AI와의 대화에서 질문의 정교함에 따라 결과가 달라진다는 사실을 체득한다.

이후 각 모둠은 뤼튼에게 제시한 질문 중 가장 완성도 높은 질문이라고 생각하는 문장을 선택해 골든벨 도전에 참여한다. 이때 교사는 모둠별로 입력된 질문과 뤼튼의 응답을 교실 화면으로 공유하며 전체 학생이 서로의 질문과 결과를 비교할 수 있도록 한다. 이를 통해 학생들은 질문 설계 능력을 확장할 수 있으며 AI와의 대화 구조를 비판적으로 바라보는 시각을 키울 수 있다. 이제 교사는 각 모둠에서 도전한 질문의 수준과 AI 응답의 질을 종합적으로 판단하여 질문의 순위를 매긴다. 도전의 기회는 무제한으로, 도전 결과에 따른 순위 역시 실시간으로 변경된다. 이렇게 활동이 마무리되면 마지막으로 우리 모둠에서 만든 최고의 질문을 바탕으로 'AI와 효율적으로 대화하는 방법'을 정리한다.

1. 한 문장을 가능한 한 짧게 구성하여 입력한다.
2. 그래프처럼 원하는 대답의 형식을 입력한다.
3. 평소 좋아하는 여행 스타일을 함께 이야기하여 구체적으

로 조건을 제시해 준다.

다음과 같은 소통 전략을 작성하는 것이다. 이를 통해 학생들은 'AI에게 질문을 잘하는 것'의 중요성을 느낄 수 있으며 보다 효율적으로 AI를 활용하는 능력을 기를 수 있다.

AI로 결과물 창작하기

안전하고 현명한 AI 생태계를 위해서는 사용자가 책임 있는 태도를 지니는 것이 중요하다. 이 역량을 함양할 수 있도록 학생들이 직접 정보를 조사하여 결과물을 제작하는 '독립운동가 전자책 프로젝트' 수업을 설계하였다. 이 수업은 5학년 2학기 사회과의 '2. 일제의 침략과 광복을 위한 노력' 단원과 국어과의 '5. 여러 가지 매체 자료' 단원, 미술과의 '표현 방법 탐색하기' 요소를 연계하여 설계하였다.

먼저, 다른 사람에게 소개하고 싶은 독립운동가를 한 명 선정한다. 그리고 앞에서 학습한 AI와의 효율적인 대화 방법을 활용하여 뤼튼으로 그 인물에 대한 정보를 조사한다. '유관순을 소개하는 책을 만들려고 해. 유관순의 어린 시절부터 독립 운동을 결심하게 된 배경, 이후

삶의 모습을 자세하게 알려 줘. 유관순의 삶을 알 수 있는 일화들을 함께 알려주면 좋겠어'와 같이 구체적인 질문을 제시하여 인물에 대한 깊이 있는 정보를 얻는 것이다. 이렇게 얻은 정보가 항상 정확한 것은 아니기에, 학생들은 반드시 AI가 제공한 정보에 오류가 없는지, 출처는 분명한지를 확인해야 한다. 만약 잘못된 정보를 사용할 경우, 이는 역사 왜곡과 같은 사회적 문제로 이어질 수 있음을 강조하며 AI 사용자로서의 책임 있는 태도를 지녀야 함을 지도한다.

마지막으로 정리한 내용을 바탕으로 전자책을 제작한다. 이때 학생들은 자신이 전달하고자 하는 목적에 따라 알맞은 AI 도구를 선택하여 결과물을 완성한다. 시각적인 표현에 집중하고 싶은 경우는 캔바(Canva)를, 체계적인 내용 구성에 초점을 두고 싶은 경우는 북크리에이터(Book Creator)를 선택하는 것이다. 이처럼 자신이 강조하고 싶은 부분을 잘 표현할 수 있는 도구를 선정하여 디지털 전자책을 완성하면, 출판 기념 발표회를 열어 결과물을 공유하는 인터뷰 시간을 갖는다. 이 프로젝트를 통해 학생들은 현명하고 책임 있는 AI 사용자이자 창작자로서 어떤 자세와 마음가짐을 가져야하는지를 느낄 수 있으며, 자신이 AI로 제작한 결과물이 다른 사람에게도 영향을 줄 수 있음을 학습할 수 있다.

참고문헌

서울특별시교육청(2023). “학교급별 생성형 AI 활용 지침”.

09
AI 리터러시 수업 평가

교육의 본질은 학생의 성장이다. 학생이 얼마나 성장하였는지, 그 과정에서 어떤 어려움을 겪었는지를 확인하는 일은 수업을 설계하는 것만큼 중요하다. 그러나 AI 리터러시 교육의 경우, 현재 학생들의 역량 함양을 확인할 수 있는 평가 기준이 마련되어 있지 않다. AI 리터러시는 객관적인 수치로 측정하기가 어렵기 때문에 어떤 요소를 평가하고, 어떤 방법으로 평가할지에 대한 고민이 필요하다.

AI와 기자?

AI 리터러시 수업 평가의 필요성

앞 장에서 살펴보았듯이, 게이미피케이션 기반의 수업이나 생성형 AI를 활용한 수업은 학생들이 AI 리터러시 역량을 함양하는 데 도움을 줄 수 있다. 그러나 만약 학생이 AI 활용 역량을 키웠음에도 불구하고 개인정보를 침해하거나 타인의 창작물을 무단으로 사용하는 모습을 보인다면, 진정한 의미에서 AI 리터러시 역량을 함양했다고 할 수 있을까? 바로 이것이 평가가 필요한 이유다.

수업의 본질은 학생의 성장에 있다. 수업과 연계된 평가는 교수·학습과 순환적인 성격을 지니고 있어 학생의 맞춤형 학습을 위한 자료로 활용된다(진경애 외, 2020). 다시 말해, 평가는 학생이 수업을 통해 무엇을 새롭게 알게 되었는지, 어떤 태도와 가치관을 형성했는지를 확인하며 학생의 부족한 부분을 채워가는 하나의 지표다. AI 리터러시 역량은 이해·비판·활용·책임이 종합된 역량으로, 같은 학생일지라도 영역별 차이가 생길 수 있으며 학생마다 수준 차이는 더 크게 나타날 수 있다. 그러므로 평가를 통해 이를 확인하고 학생별 맞춤형 보충 지도를 제공함으로써 종합적인 역량을 갖출 수 있도록 도와주어야 한다.

그러나 현재 한국은 AI 리터러시 교육과 관련한 공식

적인 평가 체계가 마련되어 있지 않은 상태다. 최근 들어 AI 리터러시 교육 평가에 관한 연구가 조금씩 진행되고는 있으나 여전히 명확한 기준과 방법은 발표되지 않았다. 따라서 AI 리터러시 교육이 학교 현장에 정착되기 위해서는 평가 체계를 우선 마련하는 것이 필요하다.

AI 리터러시 수업의 평가 요소

AI 리터러시 수업의 평가 체계를 마련할 때 가장 먼저 고려해야 할 것은 바로 평가 요소다. 평가 요소는 수업의 초점을 어디에 두어야 하는지, 어떤 부분에 집중하여 학생의 성장을 관찰해야 하는지를 나타내는 기준이다. 따라서 평가 요소를 분명히 하는 것은 평가의 첫 시작이라고 할 수 있다.

AI 리터러시 수업의 평가 요소는 크게 네 가지-사실과 의견 구별하기 · 정보의 신뢰성과 타당성 검토하기 · 적절하게 활용하기 · 윤리적 책임 의식 갖기-로 정리할 수 있다.

첫째, '사실과 의견 구별하기'다. AI는 매우 빠른 속도로 결과물을 생성해 주지만, 그 결과물에는 객관적인 사실과 AI의 주관적인 의견이 섞여 제시되는 경우가 많다. 이때 사실과 의견을 구분하지 않고 그대로 수용할 경우

AI의 추측이나 견해를 사실로 받아들일 위험이 있다. 따라서 '사실과 의견 구별하기'는 AI 리터러시 평가의 가장 기초적인 요소로, 이를 기반으로 한 평가 기준이 필요하다.

둘째, '정보의 신뢰성과 타당성 검토하기'다. AI가 제공하는 정보는 항상 완전하지 않으며 오류나 편향된 판단이 섞여 있을 수 있다. 따라서 평가 과정에서 학생이 AI의 답변을 그대로 수용하지 않고, 근거를 검토하거나 여러 출처를 비교하며 신뢰성을 판단할 수 있는지를 중점적으로 살펴봐야 한다. 이는 AI 리터러시 교육의 핵심 역량인 비판적 사고력을 확장한 핵심 기준과 관련된다고 할 수 있다.

셋째, '적절하게 활용하기'다. AI 리터러시 교육에서 중요한 것은 얼마나 많이 알고 있는가보다 어떻게 AI를 적재적소에 활용할 것인가다. 아무리 많은 AI 도구의 사용법을 알고 있다 하더라도 문제 상황에 알맞은 도구를 선택하지 못하거나 목적에 맞게 활용하지 못한다면 그것은 그저 지식에 불과하다. 즉 배움이 실천으로 이어지지 못하게 되는 것이다. 따라서 학생이 이해한 AI의 원리를 일상생활 속에서 활용할 수 있는지를 평가 요소에 포함함으로써 학생들이 실천 역량을 키워주는 것이 필요하다.

마지막 평가 요소는 '윤리적 책임 의식 갖기'로, AI는 개인과 사회에 모두 영향을 미치기 때문에 책임 있는 태도를 기르는 것은 매우 중요한 교육 목표다. 학생들이 AI로 결과물을 생성할 때, 스스로 개인정보를 침해하지는 않았는지, 저작권은 보호하였는지, 사회적 영향력은 고려하였는지를 생각하는 습관을 길러주어야 한다. 따라서 평가에서 학생들이 결과물을 제작·활용하는 과정에서 스스로 윤리적 기준을 점검하였는지를 반드시 살펴보며 책임 있는 AI 시민으로 성장할 수 있는 기틀을 마련해야 한다.

AI 리터러시 수업의 평가 방법

AI 리터러시는 눈에 보이는 결과물이 아닌, 학습 과정에서 길러지는 기능이자 태도다. 그러므로 평가 역시 학생의 성장 과정을 지켜보고 부족한 부분을 보완할 수 있도록 지원하는 방향으로 이루어져야 한다. 다시 말해, 학생이 어떤 과정을 거쳐 사고하고 탐구하며 성찰하는지를 확인함으로써 그 다음 단계의 학습을 설계할 수 있는 근거를 제공해야 한다. 이를 위해 AI 리터러시 역량을 평가할 때 고려해야 할 몇 가지 원칙이 있다.

첫째, '과정 중심 평가'를 해야 한다는 점이다. AI 리터러시 역량은 객관적인 수치로 나타나는 영역이 아닌, 주관적인 영역으로 학습 과정에서 점차 확장되는 특성이 있다. 따라서 학생마다 역량의 함양 정도가 다를 수 있기에 결과가 아닌 과정 중심의 평가를 진행해야 한다. 학생의 사고가 어떻게 변화하고 있는지, 얼마나 확장되었는지를 관찰하고 기록함으로써 개별 맞춤 교육을 위한 참고 자료로 활용할 수 있어야 한다.

둘째, '통합적 평가'를 해야 한다는 점이다. AI 리터러시는 지식 · 기능 · 태도가 종합된 복합적인 역량으로 특정 영역만을 평가하는 것은 무의미하다. AI의 원리를 제대로 이해해야지만 그 기능을 올바르게 활용할 수 있으며, AI의 한계를 이해해야지만 책임 있는 태도를 기를 수 있다. 따라서 개별 영역을 분리하기보다는 이들이 어떻게 긴밀하게 연결되어 길러지는지를 통합적으로 살펴보는 평가가 이루어져야 한다.

셋째, '성찰을 유도하는 평가'를 해야 한다는 점이다. AI 리터러시 교육의 궁극적인 목표는 AI를 어떻게 받아들이고 활용할 것인지에 대해 자신만의 가치관을 정립하는 것이다. 따라서 학생이 자신의 학습 과정을 되돌아보며 자신의 선택과 활용 결과에 대해 점검할 수 있는 시간을 마련해 주어야 한다.

그렇다면 이러한 원칙을 반영한 평가 방법에는 어떤 것이 있을까? 대표적으로는 '관찰 평가'가 있다. 관찰 평가는 학생의 모든 학습 과정을 살펴보며 그 속에서 드러나는 학생의 성장을 기록하는 방식이다. AI 리터러시 교육을 통해 나타나는 학생의 태도와 사고 깊이의 변화는 정답과 오답처럼 단순하게 판별할 수 있는 영역이 아니다. 그렇기에 관찰 평가는 AI 리터러시 교육에 매우 적합한 평가 방법이며 과정 중심 평가의 원칙을 잘 보여주는 방법이라고 할 수 있다.

또 다른 방법으로는 '포트폴리오 평가'가 있다. 포트폴리오란 학생이 학습 과정에서 수행한 활동의 결과들을 모아놓은 것으로 학생의 초안, 수정본, 피드백, 최종 결과물을 모두 포함한다. 이 방식은 학생의 과정과 결과를 모두 보여주기에 통합적 평가 원칙을 실천할 수 있는 효과적인 방법 중 하나라고 할 수 있다.

이와 비슷한 방법으로 '프로젝트 기반 평가'를 살펴볼 수 있다. 프로젝트 기반 평가는 실생활 속 문제를 주제로 하여 자료를 탐색하고 해결 방안을 구상하며 결과물을 제작하는 활동을 통해 학생을 평가하는 방식이다. 이 과정에서 학생은 이해한 지식을 바탕으로 기능을 실천하며 협력과 책임의 태도를 발휘하게 된다. 따라서 프로젝트 기반 평가 역시 종합적인 성격의 AI 리터러시 역량을 보여줄 수 있는 평가라 할 수 있다.

마지막은 '자기 평가'로, 자기 평가는 학생이 스스로 자신의 학습 과정을 되돌아보며 점검하는 방식의 평가다. 학습 과정에서 어떤 것을 배웠고, 어떤 선택을 하였으며, 어떤 어려움을 겪었는지, 앞으로 어떤 점을 개선하고 싶은지를 성찰하는 것이다. 이는 AI 리터러시 교육이 궁극적으로 지향하는 '성찰적 태도'와 연결되며 학생이 스스로 성장 과정을 되새겨볼 수 있는 효과적인 평가 방법이다.

이처럼 AI 리터러시 수업 평가의 핵심은 학생의 성장 과정을 어떻게 확인하고 부족한 부분을 찾아 지원할 것인지에 있다. 그러므로 학생이 '깊이 있는 지식 · 현명한 활용 능력 · 책임 있는 태도'를 균형 있게 기를 수 있도록 체계적인 평가 기준과 방법을 마련하여 운영해야 한다.

참고문헌

윤선호·양창모(2022). "AI 리터러시 평가 도구 개발 및 타당성 연구:초등학생 대상으로". 《2022 한국정보교육학회 동계 학술대회 논문》.

진경애 외(2020). "수업과 평가 연계에 대한 고등학생의 인식 실태 분석". 《교육과정평가연구》, 23(1), 57~82쪽.

10
AI 리터러시 교육의 확장과 미래

AI는 이제 우리의 일상뿐만 아니라 사회, 경제, 문화 영역까지 깊숙이 스며들고 있다. 그러므로 AI 리터러시 교육은 학교 교육에만 머무를 수 없으며 이를 벗어나 가정과 지역 사회, 기업과 같이 사회 전반으로 확장되어야 한다. 그렇다면 앞으로의 AI 리터러시 교육은 어디까지 나아가야 하는 것일까? 그리고 지향해야 할 방향은 무엇일까?

AI와 미래 의사?

학교를 넘어 사회로

그동안의 AI 리터러시 교육은 주로 공교육 내에서 학생들을 대상으로 이루어져 왔다. 교과 수업, 프로젝트 학습, 체험 중심 프로그램을 통해 AI의 개념과 원리, 윤리적 활용의 중요성을 익히도록 하며 AI 시대를 살아가는 데 필요한 역량을 갖추는 것에 초점을 두었다. 그러나 최근 AI는 급격한 속도로 발전하고 있으며 우리 일상을 넘어 사회 전체에 영향을 미치고 있다. 즉, 나이, 직업에 상관없이 누구나 AI 리터러시를 갖추어야 하는 시점이 된 것이다. 따라서 앞으로의 AI 리터러시 교육은 학교를 넘어 사회 전반으로 확장함으로써 모든 시민이 갖추어야 할 보편적 교양 교육으로 확장되어야 한다.

여기서 말하는 '확장'은 단순히 교육 대상을 넓히는 것을 넘어 교육 내용과 방향, 교육의 역할 자체를 새로운 관점에서 재해석하는 것을 의미한다. 지금의 AI는 일자리 구조, 정보 유통 방식, 정치적 의사 결정 등 사회 시스템 전반에 영향을 미치는 수준으로 발전하고 있다. 이러한 변화는 사회에 새로운 가치를 만들기도 하지만 동시에 사회적 불평등, 정보 격차 등의 불균형 문제를 일으키기도 한다. 그러므로 AI 리터러시 교육은 AI로 변하는 사회의 모습을 들여다보고 우리가 어떤 태도와 기준을 가져야 할지, 우리 사회는 어떤 방향으로 가야 할지에 대해 생각하는 교육으로 넓혀져야 한다. 이를 위해서는 사회 전체가 교육 생태계가 되어야 하며, 이러한 공간의 확장은 다음 세 가지 방향으로 이루어질 수 있다.

가장 먼저 '가정'으로의 확장이 필요하다. 가정은 학생들의 디지털 습관이 자리 잡는 주요 공간이자, 모든 세대가 함께 AI를 사용하는 실생활 속 교육 공간이다. 지금의 부모 세대는 AI의 상용화를 처음 접한 세대로, 그들 역시 AI 기술을 완전히 이해하고 있는 경우는 극히 드물다. 따라서 가정은 '배움의 시작'이자 '세대 간 학습 교류의 공간'이 되어야 하며, AI의 작동 방식과 사회적 영향력에 대해 자연스럽게 성찰할 수 있는 공간이 되어야 한다. 예를 들어, 가족이 함께 가정 내 TV의 AI 알고리즘 추천을 보며 '우리 가족이 어떤 유형의 영화를 좋아하는지', '이것을 어떻게 알 수 있는지', '어떻게 이 목록들이 뜨는 것인지'를 이야기하는 것을 통해 AI의 데이터 학습 원리와 위험성을 이해하는 것이다.

다음은 '지역 사회'로의 확장으로, 지역 사회는 AI 리터러시 교육이 공동체적 가치로 자리 잡을 수 있도록 돕는 핵심 공간이다. 도서관, 주민 센터, 청소년 문화 센터와 공공 기관은 학생, 청년, 중장년, 노년층의 모든 세대와

계층이 어우러지는 생활 속 공간이다. 이러한 지역 커뮤니티는 AI 리터러시를 함께 배우고 나눌 수 있는 학습의 장이 될 수 있다. 예를 들어, 지역 도서관에서 'AI와 일자리 변화'를 주제로 한 시민 강연을 개최하거나 청소년 문화 센터에서 세대 간 AI 멘토링 사업을 추진하는 활동을 통해 AI에 대한 세대 간 격차를 줄이고 AI를 누구나 쉽게 접할 수 있는 존재로 인식하게 할 수 있다. 이처럼 지역 사회는 학교 교육의 한계를 보완하며 모든 세대가 함께 배우고 성장하는 AI 학습 생태계를 구성하는 역할을 한다.

마지막은 '산업 현장'으로의 확장이다. AI 기술이 가장 빠르게 적용되는 곳은 단연 기업과 산업 현장이다. 의료, 금융, 제조업 등 모든 산업 분야에서 AI 기반의 산업 시스템을 도입하고 있으며 이에 따라 직무 역량의 패러다임 역시 변화하고 있다. 그러므로 기업과 산업 현장은 책임 있는 AI 리터러시 문화 형성의 주체적인 역할을 해야 한다. 대표적으로, 기업은 AI의 윤리적 활용과 인간 중심의 기술 문화를 다루는 내부 연수를 운영할 수 있다. 예를 들어, AI를 활용한 채용 과정에서 데이터 편향이나 알고리즘 차별이 발생하지 않도록 실무자 대상의 AI 윤리 교육 프로그램을 실시하는 것이다. 이 외에도, 사회적 교육 파트너로서의 역할을 수행할 수 있다. 예를 들어, 지역 사회 및 학교와 연계하여 청소년 대상의 AI 진로 체험 프로그램을 운영하거나 지역 주민을 위한 AI 시민 강좌 및 산업 협력 캠프를 지원함으로써 사회와 AI를 잇는 교육 생태계를 구축하는 것이다.

이처럼 앞으로의 AI 리터러시 교육은 학교라는 공간을 넘어 사회 전체를 학습 생태계로 만들며 확장되어야 한다. AI 리터러시는 모든 시민이 익혀야 할 기본 소양이자 사회적 책임의 기초로, 사회 전체가 함께 참여할 때 비로소 현명한 AI 리터러시 문화를 만들 수 있을 것이다.

AI 리터러시 교육의 미래

그렇다면 앞으로의 AI 리터러시 교육은 어떤 방향으로 나아가야 할까? AI와 공존하는 시대 속에서 우리는 기술의 가능성뿐만 아니라 그로 인해 생길 변화와 책임에 대해서도 고민해야 한다. 그러므로 AI 리터러시 교육은 '인간으로서의 존엄과 공동체의 가치를 지키며 AI를 현명하게 선택하고 활용할 수 있는 사람'을 기르는 교육이어야 하며, 'AI가 아닌 사람을 중심에 두는 교육'으로 나아가야 한다. 이러한 관점에서 볼 때, 미래의 AI 리터러시 교육은 다음 세 가지 방향을 중심으로 설계할 필요가 있다.

첫째, '인간 중심의 AI 리터러시 교육'이다. AI 리터러시의 핵심은 AI를 통해 인간과 사회를 어떻게 이해하는가에 있다. 기술이 발전할수록 우리는 그 기술을 사용하여 무엇을 할 수 있을지에 대해 궁금해 한다. 그러나 AI는 스스로 판단하거나 윤리적인 결정을 내릴 수 없는 존재다. 결국, AI가 인간과 사회에 어떤 영향을 미치는지를 생각하고, 그것을 올바르게 활용하기 위한 기준을 세우는 것은 인간의 역할이다. 따라서 앞으로의 AI 리터러시 교육은 AI 기술 자체가 아닌, AI를 사용하는 사람의 입장과 가치에 중심을 두는 교육이 되어야 한다. 이를 위해서는 기술과 인간에 대한 균형 있는 이해가 필요하며 학생들이 'AI 기술이 인간의 사고방식이나 가치 판단에 어떤 영향을 미치는지'를 탐구할 수 있도록 교육 환경을 마련해야 한다.

둘째, '맥락 중심의 AI 리터러시 교육'이다. 같은 AI 기술이라 하더라도 그것이 사용되는 사회적 조건이나 문화적 배경, 대상에 따라 그 의미와 결과는 달라질 수 있다. 예를 들어, 얼굴 인식 기술은 범죄 예방이나 출입 통제에 유용하게 활용될 수 있지만, 동시에 개인의 사생활을 침해하거나 감시의 도구로 악용될 위험도 있다. 이처럼 AI는 그것을 사용하는 상황과 맥락에 따라 긍정적인 도구가 될 수도, 사회 문제를 일으키는 부정적인 도구가 될 수도 있다. 그렇기에 학생들은 AI 기술의 장점만이 아니라 AI가 어떤 맥락에서, 누구를 위해 설계되었는지, 어떤 방식으로 사용되는지, 그리고 그 과정에서 누가 이익을 얻고 누가 불이익을 받게 되는지에 대해 비판적으로 사고하는 능력을 길러야 한다. 그러므로 미래의 AI 리터러시 교육은 AI 기술이 사용되는 맥락을 함께 이해하는 교육으로 나아가야 하며, 이를 통해 학생들은 AI가 인간의 삶과 사회 구조에 미치는 영향을 이해하고 그 기술을 둘러싼 복잡한 문제를 스스로 해석할 수 있는 시각을 기를 수 있을 것이다.

셋째, '공동체 중심의 AI 리터러시 교육'이다. AI 기술은 이미 사회의 여론 형성이나 의사 결정에 영향력을 행사하고 있으며 그 범위는 앞으로 더 커질 것이다. 그렇기에 미래의 AI를 바라보는 관점 역시 개인을 넘어 공동체 차원으로 확장되어야 한다. 다시 말해, 앞으로의 AI 리터러시 교육은 학생들이 더 나은 사회 공동체를 위해 AI를 책임 있게 사용하는 능력을 기를 수 있도록 교육하는 방향으로 나아가야 한다는 것이다. 이를 위해서는 학생들이 AI 기술이 개인의 편의를 넘어 공동체의 문제를 해결하는 데 어떤 의미와 역할을 지니는지 탐구할 수 있도록 교육의 틀을 변화시켜야 한다. 또한 학생들이 AI 시대의 윤리적 시민성을 기를 수 있도록 AI를 활용할 때 발생할 수 있는 차별, 편향, 개인정보 침해 등의 문제를 함께 논의하며, 모두에게 이익이 되는 방향으로 AI 기술을 사용하기 위해서는 어떤 노력이 필요할지에 대해 고민하도록 수업을 설계해야 한다. 이러한 과정 속에서 학생들은 공동체 구성원으로서의 사회적 책임을 인식하고 실천하는 역량을 키울 수 있다.

AI가 점점 더 빠르게 발전하는 만큼, AI를 어떻게 바라보고 어떤 기준과 태도로 사용할 것인지를 정립하는 것은 매우 중요해지고 있다. 그러므로 미래의 AI 리터러시 교육은 AI의 가능성과 한계를 이해하고, 인간의 존엄성을 지키며, AI와의 현명한 공존을 위한 방향으로 나아가야 한다. 그리고 이것이 빠르게 변화하는 기술 속에서 흔들리지 않는 가치를 기르게 하는 교육의 근간이며, 우리가 지향해야 할 AI 시대의 진정한 배움이라고 할 수 있다.

참고문헌

명인자(2025.9.16). “AI를 읽는 힘: 구글이 말하는 AI 리터러시 교육의 미래”. AIPEDIA. https://www.aipedia.co.kr/news/427053

오민정·김종규(2023). “생성형 AI 시대 리터러시 교육의 새로운 전환”. 《인문과학》, 89, 255~285쪽.

신하은

경기도교육청 소속 초등교사로 근무 중이다. 경인교육대학교 수학교육과를 졸업하고 고려대학교 교육대학원 컴퓨터교육과에서 석사학위를 취득하였다. EBS 〈교실을 깨워라! 클래스업〉 출연(2025), 디지털 기반 학생 맞춤 교육 지원단 대표교사(2025), KERIS 기업 협업 교육 현안 해결형 프로젝트 참여교사(2024), EDU TV 〈스크래치 히어로〉 진행 강사(2023) 등 공교육 현장에서 AI·디지털 기반 교육 문화를 정착시키기 위해 다양한 활동을 이어오고 있다. 또한 2024년에는 벨기에 MLA(Media & Learning Association) 협회에 AI 리터러시 수업 사례를 게재하였으며, 경기도교육청 미디어교육센터 미디어교육 지원단으로 장학 자료를 집필하여 리터러시 수업의 중요성을 널리 알리고자 노력해 왔다. 주요 연구로는 "초등 인공지능 교육에서 '생각에 대한 생각' 교육방법의 적용 연구"(2023), "초등 인공지능 교육을 위한 언플러그드 활동 설계"(2022)가 있다.